U0587608

助力能工巧匠培育的协同培养生态理论

孙卫平◎著

ZHULI NENGGONGQIAOJIANG PEIYU DE
XIETONG PEIYANG SHENGTAI LILUN

重庆大学出版社

内容提要

本书以能工巧匠人才培养的法律政策背景为起点,重点分析了能工巧匠的人才界定及内涵、协同学的基本内涵、协同培养生态理论、能工巧匠人才培养构成要素、职业教育人才培养模式设计与建构等内容。本书基于职业教育的交叉跨界性,以协同培养生态理论为指导,构建了"匠师协同·双能支撑·孵扶联动"能工巧匠人才培养模式,并提供了作者所在学校在教材开发、课程设计、教学实施、团队建设、人才培养等方面的应用案例及取得的显著成效,可供广大职业教育工作者参考与借鉴。

图书在版编目(CIP)数据

助力能工巧匠培育的协同培养生态理论 / 孙卫平著
. -- 重庆:重庆大学出版社,2022.6
ISBN 978-7-5689-3475-6

Ⅰ.①助… Ⅱ.①孙… Ⅲ.①职业教育—人才培养—研究—中国 Ⅳ.①G719.2

中国版本图书馆 CIP 数据核字(2022)第 173016 号

助力能工巧匠培育的协同培养生态理论
孙卫平 著

责任编辑:苟荟羽 版式设计:苟荟羽
责任校对:谢 芳 责任印制:张 策

*

重庆大学出版社出版发行
出版人:饶帮华
社址:重庆市沙坪坝区大学城西路 21 号
邮编:401331
电话:(023)88617190 88617185(中小学)
传真:(023)88617186 88617166
网址:http://www.cqup.com.cn
邮箱:fxk@cqup.com.cn(营销中心)
全国新华书店经销
POD:重庆新生代彩印技术有限公司

*

开本:720mm×1020mm 1/16 印张:9.75 字数:140 千
2022 年 6 月第 1 版 2022 年 6 月第 1 次印刷
ISBN 978-7-5689-3475-6 定价:59.00 元

本书如有印刷、装订等质量问题,本社负责调换
版权所有,请勿擅自翻印和用本书
制作各类出版物及配套用书,违者必究

序 言

　　20 世纪六七十年代,美国社会动荡不安,各种矛盾交织,人们纷纷把矛头指向教育。美国哥伦比亚大学师范学院资深教育史学家、教育评论家劳伦斯·克雷明敏锐地觉察到,不能把所有教育失败的责任都归咎于学校,必须看到学校以外的种种教育现象,对教育问题应当有新的思考。克雷明开始尝试将生态学方法运用于教育研究,着重考察各种教育机构之间及其与整个社会之间的关系。20 世纪 70 年代,他首次创造性地提出了"教育生态学"理论,并将其运用于美国教育史研究,开辟了教育史研究的新时代。他把教育界定为"审慎的、系统的和通过不断努力去唤起知识、态度、价值观、技能和情感的过程",指出教育生态学的理论基础是"相互作用论",即各种教育机构之间及其与整个社会之间是相互联系、相互影响的。因此,考察教育问题时,就必须坚持生态学思考方式,即全面地、有联系地、公开地思考。

　　职业教育涉及政府、行业、企业等多元主体,还涉及政治、文化、教育、经济等众多领域,是典型的跨界教育,因此,黄炎培先生在《提出大职业教育主义征求同志意见》一文中提出,"(一)只从职业学校做工夫,不能发达职业教育;(二)只从教育界做工夫,不能发达职业教育;(三)只从农、工、商职业界做工夫,不能发达职业教育"。要做好职业教育,必须充分协调职业教育相关主体元素,构建多元主体协同工作机制,营造职业教育协同培养生态系统。

　　本书就是基于职业教育的跨界属性,站在系统论和协同学的视角来分析职业教育人才培养问题,经过团队十多年研究,提出了职业教育协同培养生态论。所谓职业教育协同培养生态论,是指把职业教育涉及的多元利益相关者调动起来,各方以培养产业所需的高素质技术技能人才为宗旨,各司其职、协调联动,把教育元素、产业元素和其他社会元素充分融合,形成职业教育新型的生态协同系统,为培养职业教育人才服务,是一种协同共生型组织生态。

　　本书由重庆电子工程职业学院孙卫平教授撰写,何欢、张永、路亚、李腾和任心远等老师也为此书的完成作出了重要贡献。"协同培养生态论"这一概念,最早是由孙卫平等在 2011 年 5 月 31 日重庆市高职院校网络与信息安全专业校企联盟成立大会上提出。指出将协同培养生态论贯穿于职业教育领域,主要探索我国职业教育人才培养体系里的职业院校教育系统和行业企业"师带徒"教育系统如何发挥各自的职业育人能力,在一定的环境和条件促使下形成合作互补、双能支撑的"匠师协同培养效应"。重庆市 2021 年教学成果特等奖"匠师协同·双能支撑·孵扶联动:电子信息类专业能工巧匠培养模式创新与实践"就运用了该理论,在电子信息类能工巧匠人才培养中取得了突出成效。

作　者

2022 年 1 月

目　录

第1章 能工巧匠人才培养的背景

1.1 能工巧匠培养的政策背景

1.1.1 国家明确能工巧匠培养定位

2021年全国职业教育大会于4月12日至13日在北京召开,会上传达了习近平重要指示和李克强批示。中共中央政治局委员、国务院副总理孙春兰出席会议并讲话。她指出,要深入贯彻习近平总书记关于职业教育的重要指示,落实李克强总理批示要求,坚持立德树人,优化类型定位,加快构建现代职业教育体系。要一体化设计中职、高职、本科职业教育培养体系,深化"三教"改革,"岗课赛证"综合育人,提升教育质量。要健全多元办学格局,细化产教融合、校企合作政策,探索符合职业教育特点的评价办法。各地各部门要加大保障力度,提高技术技能人才待遇,畅通职业发展通道,增强职业教育认可度和吸引力。

2021年4月13日,中共中央总书记、国家主席、中央军委主席习近平近日对职业教育工作作出重要指示强调,在全面建设社会主义现代化国家新征程中,职业教育前途广阔、大有可为。要坚持党的领导,坚持正确办学方向,坚持立德树人,优化职业教育类型定位,深化产教融合、校企合作,深入推进育人方式、办学模式、管理体制、保障机制改革,稳步发展职业本科教育,建设一批高水平职业院校和专业,推动职普融通,增强职业教育适应性,加快构建现代职业教育体系,培养更多高素质技术技能人才、能工巧匠、大国工匠。各级党委和政府要加大制度创新、政策供给、投入力度,弘扬工匠精神,提高技术技能人才社会地位,为全面建设社会主义现代化国家、实现中华民族伟大复兴的中国梦提供有力人才和技能支撑。

中共中央政治局常委、国务院总理李克强作出批示指出,职业教育是培养技术技能人才、促进就业创业创新、推动中国制造和服务上水平的重要基础。近些年来,各地区各相关部门认真贯彻党中央、国务院决策部署,推动职业教育发展取得显著成绩。要坚持以习近平新时代中国特色社会主义思想为指导,着眼服务国家现代化建设、推动高质量发展,着力推进改革创新,借鉴先进经验,努力建设高水平、高层次的技术技能人才培养体系。要瞄准技术变革和产业优化升级的方向,推进产教融合、校企合作,吸引更多青年接受职业技能教育,促进教育链、人才链与产业链、创新链有效衔接。加强职业学校师资队伍和办学条件建设,优化完善教材和教学方式,探索中国特色学徒制,注重学生工匠精神和精益求精习惯的养成,努力培养数以亿计的高素质技术技能人才,为全面建设社会主义现代化国家提供坚实的支撑。

1.1.2 法律规范能工巧匠培养路径

2022 年 4 月 20 日,第十三届全国人民代表大会常务委员会第三十四次会议通过《中华人民共和国职业教育法》修订,自 2022 年 5 月 1 日起施行。《中华人民共和国职业教育法》是为了推动职业教育高质量发展,提高劳动者素质和技术技能水平,促进就业创业,建设教育强国、人力资源强国和技能型社会,推进社会主义现代化建设,根据宪法制定的法律。

《中华人民共和国职业教育法》第三十二条提出:国家通过组织开展职业技能竞赛等活动,为技术技能人才提供展示技能、切磋技艺的平台,持续培养更多高素质技术技能人才、能工巧匠和大国工匠。第四十七条提出:国家鼓励职业学校聘请技能大师、劳动模范、能工巧匠、非物质文化遗产代表性传承人等高技能人才,通过担任专职或者兼职专业课教师、设立工作室等方式,参与人才培养、技术开发、技能传承等工作。

1.1.3　国家推动能工巧匠培养改革

2019 年 1 月国务院关于印发《国家职业教育改革实施方案》的通知,第一条第三款指出:把发展高等职业教育作为优化高等教育结构和培养大国工匠、能工巧匠的重要方式,使城乡新增劳动力更多接受高等教育。高等职业学校要培养服务区域发展的高素质技术技能人才,重点服务企业特别是中小微企业的技术研发和产品升级,加强社区教育和终身学习服务。建立“职教高考”制度,完善“文化素质+职业技能”的考试招生办法,提高生源质量,为学生接受高等职业教育提供多种入学方式和学习方式。在学前教育、护理、养老服务、健康服务、现代服务业等领域,扩大对初中毕业生实行中高职贯通培养的招生规模。启动实施中国特色高水平高等职业学校和专业建设计划,建设一批引领改革、支撑发展、中国特色、世界水平的高等职业学校和骨干专业(群)。根据高等学校设置制度规定,将符合条件的技师学院纳入高等学校序列。

第五条第十五款指出:完善技术技能人才保障政策,提高技术技能人才待遇水平。支持技术技能人才凭技能提升待遇,鼓励企业职务职级晋升和工资分配向关键岗位、生产一线岗位和紧缺急需的高层次、高技能人才倾斜。建立国家技术技能大师库,鼓励技术技能大师建立大师工作室,并按规定给予政策和资金支持,支持技术技能大师到职业院校担任兼职教师,参与国家重大工程项目联合攻关。积极推动职业院校毕业生在落户、就业、参加机关事业单位招聘、职称评审、职级晋升等方面与普通高校毕业生享受同等待遇。逐步提高技术技能人才特别是技术工人收入水平和地位。机关和企事业单位招用人员不得歧视职业院校毕业生。国务院人力资源和社会保障行政部门会同有关部门,适时组织清理调整对技术技能人才的歧视政策,推动形成人人皆可成才、人人尽展其才的良好环境。按照国家有关规定加大对职业院校参加有关技能大赛成绩突出毕业生的表彰奖励力度。办好职业教育活动周和世界青年技能日宣传活动,深入开展"大国工匠进校园""劳模进校园""优秀职校生校园分享"等活动,宣传展示大国工匠、能工巧匠和高素质劳动者的事迹和形象,培育和传承好工匠精神。

2021 年 10 月,中共中央办公厅国务院办公厅印发《关于推动现代职业教育高质量发展的意见》指出:以习近平新时代中国特色社会主义思想为指导,深入贯彻党的十九大和十九届二中、三中、四中、五中全会精神,坚持党的领导,坚持正确办学方向,坚持立德树人,优化类型定位,深入推进育人方式、办学模式、管理体制、保障机制改革,切实增强职业教育适应性,加快构建现代职业教育体系,建设技能型社会,弘扬工匠精神,培养更多高素质技术技能人才、能工巧匠、大国工匠,为全面建设社会主义现代化国家提供有力人才和技能支撑。

1.1.4 国家实施能工巧匠培养举措

(1)明确能工巧匠到职业学校从教制度

2019 年 10 月,教育部等四部门联合印发的《深化新时代职业教育"双师型"教师队伍建设改革实施方案》(教师〔2019〕6 号)提出,建立校企人员双向交流协作共同体,加大政府统筹,依托职教园区、职教集团、产教融合型企业等建立校企人员双向交流协作共同体。建立校企人员双向流动相互兼职常态运行机制。发挥央企、国企、大型民企的示范带头作用,在企业设置访问工程师、教师企业实践流动站、技能大师工作室。在标准要求、岗位设置、遴选聘任、专业发展、考核管理等方面综合施策,健全高技能人才到职业学校从教制度,聘请一大批企事业单位高技能人才、能工巧匠、非物质文化遗产传承人等到学校兼职任教。鼓励校企共建教师发展中心,在教师和员工培训、课程开发、实践教学、技术成果转化等方面开展深度合作,推动教师立足行业企业,开展科学研究,服务企业技术升级和产品研发。完善教师定期到企业实践制度,推进职业院校、应用型本科高校专业课教师每年至少累计 1 个月以多种形式参与企业实践或实训基地实训。联合行业组织,遴选、建设教师企业实践基地和兼职教师资源库。

(2)打通能工巧匠进入职业院校承担专业教育培训任务的通道

2019 年 10 月,教育部办公厅印发的《关于办好深度贫困地区职业教育助力脱贫攻坚的指导意见》(教职成厅〔2019〕4 号)提出:切实加强职业院校基础能力建设。利用现代职业教育质量提升计划、产教融合工程、高水平实训基地建设项目等,加快改善贫困地区职业教育基本办学条件。推动各级政府、企业和职业院校建设一批资源共享,辐射区域内学校和企业,集实践教学、社会培训、社会技术服务于一体的高水平职业教育实训基地。适应"互联网+职业教育"发展需求,推进信息化基础设施建设,建设信息化管理平台和数字化资源共享平台,构建职业教育网络学习体系和虚拟仿真实训系统,推进虚拟工厂等网络学习空间的建设及应用。加强师资队伍建设,引导职业技术师范院校为深度贫困地区定向培养职业教育师资,推进校企共建教师培养培训基地,打通企业技术工程人员、工程师、能工巧匠、农村致富带头人等进入职业院校承担专业教育培训任务的通道。

(3)鼓励职业院校聘请能工巧匠担任兼职教师

2019 年 11 月,教育部办公厅等十四部门联合印发的《职业院校全面开展职业培训,促进就业创业行动计划》(教职成厅〔2019〕5 号)提出:加强培训师资队伍建设。落实好职业院校教师定期到企业实践制度,鼓励教师参与企业培训、技术研发等活动,提升实践教学能力。充分利用学校实习实训基地、产教融合型企业等,对专业教师进行针对性培训,培养一大批适应"双岗"需要的教师,使教师能驾驭学校、企业"两个讲台"。健全职业院校自主聘任企业兼职教师制度。鼓励职业院校聘请劳动模范、能工巧匠、企业技术人才、高技能人才等担任兼职教师,承担培训任务。完善教师工作绩效考核办法,将培训服务课时量和培训成效等作为教师工作绩效考核的重要内容。

(4)明确发展高职专科教育是培养能工巧匠的重要方式

2020年9月,教育部等九部门联合印发的《职业教育提质培优行动计划(2020—2023年)》(教职成〔2020〕7号)提出:巩固专科高职教育的主体地位,把发展专科高职教育作为优化高等教育结构和培养大国工匠、能工巧匠的重要方式,输送区域发展急需的高素质技术技能人才。不限制专科高职学校招收中职毕业生的比例,适度扩大专升本招生计划,为部分有意愿的高职(专科)毕业生提供继续深造的机会。推动各地落实职业学校毕业生在落户、就业、参加机关事业单位招聘、职称评审、职级晋升等方面与普通高校毕业生享受同等待遇。扎实推进中国特色高水平高职学校和专业建设计划,加强绩效考核与评价,建成一批高技能人才培养培训基地和技术技能创新平台。探索高职专业认证。推进专科高职学校高质量发展,遴选300所左右省域高水平高职学校和600个左右高水平专业群。

(5)增强职业教育适应性,培养更多高素质技术技能人才、能工巧匠、大国工匠

2020年4月,教育部关于学习宣传贯彻习近平总书记重要指示和全国职业教育大会精神的通知指出:深刻学习领会,准确把握指示批示和大会精神的丰富内涵。党的十八大以来,习近平总书记亲自谋划、推动职业教育,多次到职业学校视察调研,对职业教育作出一系列重要指示。全国教育大会特别是《国家职业教育改革实施方案》印发以来,各地各部门和职教战线深入贯彻党中央、国务院决策部署,以改革增强活力、提高质量、推动发展,一些标志性、引领性改革举措取得显著成效,培养质量稳步提高,专业布局持续优化,改革试点深入推进,政策保障更加有力,国际影响不断提升,职业教育的面貌焕然一新。

在"十四五"开局之年、开启全面建设社会主义现代化国家新征程的重要历史时刻,经党中央同意,召开了第一次全国职业教育大会。习近平总书记作出重要指示强调职业教育前途广阔、大有可为,要坚持党的领导,坚持正确办学方向,坚持立德树人,优化职业教育类型定位,深化产教融合、校企合作,深入推进育人方式、办学模式、管理体制、保障机制改革,稳步发展职业本科教育,建设一批高水平职业院校和专业,推动职普融通,增强职业教育适应性,加快构建现代职业教育体系,培养更多高素质技术技能人才、能工巧匠、大国工匠,并对各级党委和政府提出明确要求。习近平总书记关于职业教育的重要指示为新时代职业教育改革发展指明了前进方向、提供了根本遵循。李克强总理作出批示,强调了职业教育的重要作用,明确要求建设高水平、高层次的技术技能人才培养体系,注重学生工匠精神和精益求精习惯的养成,努力培养数以亿计的高素质技术技能人才,为全面建设社会主义现代化国家提供坚实的支撑。副总理孙春兰发表讲话,深入分析了职业教育面临的新形势新要求,全面部署了加快建设高质量职业教育体系的新任务新举措。

（6）"岗课赛证"综合育人,培养更多高素质技术技能人才、能工巧匠、大国工匠

2021年9月,教育部等三十五部门联合印发的《全国职业院校技能大赛章程》(教职成函〔2021〕11号)指出:坚持以习近平新时代中国特色社会主义思想为指导,深入贯彻落实党中央、国务院关于职业教育重要部署,依据《中华人民共和国职业教育法》,优化职业教育类型定位,加快构建现代职业教育体系,深化"三教"改革、"岗课赛证"综合育人,促进职业教育高质量发展,培养更多高素质技术技能人才、能工巧匠、大国工匠,推进全国职业院校技能大赛观范化建设,提高专业化水平,确保大赛规范、公平、优质、高效、廉洁,办成世界水平赛事。

（7）培育一批服务乡村振兴的能工巧匠

2021年12月,人力资源和社会保障部、教育部、发展改革委、财政部联合印发的《"十四五"职业技能培训规划》(人社部发〔2021〕102号)指出:加大能工巧匠培养力度。加强专项职业能力开发,组织同业交流,做好关键技能和绝招绝技传承。通过举办手工技能大赛,挖掘培养乡村手工业者、传统艺人、传统建设修缮技艺传承人和工匠。鼓励传统技艺传承人走进当地中小学校,开展手工技艺传承人教育。积极推进乡村建设工匠等本土人才技能培训,培养一批高素质乡村建设人才。创建特色劳务品牌、"一村一品"示范村镇,加强技能培训、示范引导、品牌培育。鼓励各地根据本地区产业发展需要,培育一批服务乡村振兴的能工巧匠。

1.2　能工巧匠人才的产业需求背景

1.2.1　产业数字化助推产业提档升级

党的十九届五中全会提出,发展数字经济,推进数字产业化和产业数字化,推动数字经济和实体经济深度融合,打造具有国际竞争力的数字产业集群。当前,我国已是数字经济大国,数字经济将融合要素、生产、消费等多方力量,形成促进经济整体提质增效、高质量发展的合力。

(1)数字化产业与产业数字化是新一轮投资热点

数字经济作为一种新的经济形态,需形成推动经济高质量发展的合力,为应对错综复杂的国际国内形势,国家围绕5G、大数据、人工智能、工业互联网等数字经济发展需求,多个省、自治区、直辖市和特别行政区先后发布"新基建"千亿级、万亿级重点项目投资计划,为"十四五"时期抢占布局与数字经济相关的新兴产业打下坚实的基础。"十四五"时期,国家"新基建"直接投资将达10万亿元,带动投资累计或超17万亿元。加快新型基础设施建设,将是我国"十四五"时期稳投资、保增长、促消费,实现数字经济加速发展的重要引擎。

（2）以数据为核心生产要素的产业改革持续推进

"十三五"时期,我国大数据年均增速超 50%,全球占比达 20%,成为数据量最大、数据类型最丰富的国家之一。2020 年 4 月 9 日,《中共中央 国务院关于构建更加完善的要素市场化配置体制机制的意见》正式出台,首次将数据与土地、劳动力、资本、技术并列为生产要素,旨在深化要素配置市场化改革,推动经济发展的质量变革、效率变革、动力变革。"十四五"时期,数据要素市场化改革将会持续深入推进,我国将从促进政府数据开放共享、提升社会数据资源价值、加强数据资源整合和安全保护等方面,进一步提高数据要素的流通效率和市场活力,发挥数据这一新型要素对传统要素效能的倍增作用,使数据要素成为推动数字经济高质量发展的新动能。

（3）制造业成为数字经济应用场景的重要领域

"十三五"时期,我国数字经济与实体经济加速融合,作为实体经济的主战场,制造业的数字化转型深入推进,成为各类制造业企业打造全新市场竞争力的共识。"十四五"时期,是我国实现制造大国向制造强国转变的关键阶段,数字化转型将是推动以智能制造为主攻方向的制造业高质量发展的重要力量,数字应用场景在制造业领域的运用将越来越多。在制造业硬件方面,生产全周期的智能化改造将成为重点,工业机器人、智能化生产线、无人工厂等将进一步推广,最大程度减少人工干预,提高生产设施整体协作效率,提升产品质量一致性;在制造业软件方面,云计算、大数据、人工智能等技术将会在研发设计、生产制造、经营管理、销售服务等全流程综合集成应用,加速个性化定制、网络协同制造、远程运维服务等智能制造业模式的形成;在制造业生态方面,智能装备制造、物流仓储、软件专业企业间将不断加强协同创新,以强化系统解决方案供应能力,制造业融合发展的生态圈将成为提升产业链供应链稳定性和竞争力的主流。

（4）数字经济发展不断催生出新兴业态

以新一代信息技术为主要特征的数字经济已深度融合到社会经济各个领

域,数字经济的发展也在不同的领域催生出新兴业态。"十四五"时期,随着制造业数字化转型升级加速,从事制造业的人员数字化技能提升,更多人员将在数字经济大发展的背景下,创造出新的业态,或以新的形式推动数字经济发展,数字经济业态将呈现多元化态势。"十四五"时期,国家数字经济新业态将进一步多元化,并更加显性化,在线教育、互联网医疗、线上办公、微经济、虚拟产业园等新业态将逐渐改变人们的思维方式、行为习惯,得到更大范围的推广应用,成为我国迈入经济高质量发展阶段不可或缺的一部分。

(5)数字贸易将成为构建新发展格局的重要内容

作为服务贸易最新的表现形态,全球数字贸易呈现出爆发式增长态势,2019年,我国数字贸易进出口规模达2036亿美元,占全国服务贸易总额的26%,同比增长6.7%。在"十四五"时期,数字贸易作为新一轮服务贸易创新发展的重要内容,将充分激发我国数字经济和贸易的发展潜力。随着"双循环"新格局的构建,数字贸易必将成为推动我国对外开放向格局更优、层次更深、水平更高方向发展的重要抓手。计算机、电子器件、通信设备、芯片、机器人等数字硬件的出口优势将持续巩固;数字教育、数字医疗、数字维修等数字贸易新业态、新模式将成为新的增长点;高端软件、运营维护、数字解决方案等技术密集型高端数字服务将成为服务外包和服务贸易的重点。

(6)数字治理是国家治理能力现代化的重要特征

党的十九届四中全会对推进国家治理体系和治理能力现代化作出了全面部署,在数字经济大发展的背景下,数字化治理手段的应用将逐步解决数字鸿沟、数据孤岛、数据安全等数字化治理难题。"十四五"时期,云计算、人工智能等技术平台将大量投建使用,上网留痕、风险预警和科学分析技术日趋成熟;网约车、互联网金融等数字经济融合业务的职权划分和沟通协调机制将取得重大突破,跨部门联席会议、失信联合惩戒等工作方式逐渐推广,数字治理效能将大大推动国家治理能力的提升。随着数字治理广泛应用于数字政府、智慧城市、公共事务管理等领域,规范有序、包容审慎、鼓励创新、协同共治的数字经济发展新环境将加速形成。

1.2.2　产业数字化对能工巧匠需求大

人才是技术的载体、创新的根本,创新驱动的本质特征决定了数字人才是数字经济发展的核心驱动要素。数字经济下,数字技术与市场、产业不断融合迭代,数字化制造技术和工艺技术不断革新,新的经济形态与新兴行业不断涌现,数字经济将催生新的企业生产组织方式和新的就业模式。未来 20 年,低端的劳动密集型职业将被人工智能所取代,数字技术对低技能劳动力具有替代效应,减少了社会对低技能劳动力的需求,智能机器人、工业机器人等智能化数字技术在对劳动密集型产业就业人员产生较大负面冲击的同时,也帮助产业获得了更高的生产效率和更低的生产成本。

党的十八大以来,数字经济发展驱动新一代信息技术行业发展成效显著,产业含金量、含新量、含绿量明显提高。新一代信息技术作为科技创新的重点攻关领域,呈现出产业规模不断壮大、创新能力不断增强等特点,与各行业各领域的融合深度和广度不断拓展,支撑融合发展的基础更加夯实,融合发展水平迈上新台阶,为建成制造强国和网络强国提供了有力支撑。

数字经济的发展将推动就业结构向高技术化、高技能化发展,数字经济的发展程度越高,高新技术产业中数字化高端技术技能人才就业比例会不断提升,产业数字化与数字产业化需要更多复合型、创新型的高端技术技能人才、能工巧匠与大国工匠。习近平总书记强调,培养创新型人才是国家、民族长远发展的大计。当今世界的竞争说到底是人才竞争、教育竞争。要更加重视人才自主培养,更加重视科学精神、创新能力、批判性思维的培育培养。要更加重视青年人才培养,努力造就一批具有世界影响力的顶尖科技人才,稳定支持一批创新团队,培养更多高素质技术技能人才、能工巧匠、大国工匠。

1.3 能工巧匠培养是高等职业教育的历史使命

1.3.1 能工巧匠培养是职业教育改革的核心内容

《中华人民共和国职业教育法》明确了职业教育是培养高素质技术技能人才,使受教育者具备从事某种职业或者实现职业发展所需要的职业道德、科学文化与专业知识、技术技能等职业综合素质和行动能力而实施的教育,包括职业学校教育和职业培训;职业教育是与普通教育具有同等重要地位的教育类型,是国民教育体系和人力资源开发的重要组成部分,是培养多样化人才、传承技术技能、促进就业创业的重要途径。

随着我国从制造大国向制造强国的转变,各行业数字化转型不断加速渗透,产业向高端化、信息化、数字化、智能化、绿色化方向发展,不仅推动新技术、新材料和新设备的使用,也推动生产模式和组织方式不断创新,形成新的产业分工和新的产业部门,知识和技术密集型岗位不断增多,技术性要求不断增强,数字经济的发展对劳动者的教育水平提出了更高要求,我国当前数字化人才供给不能完全支撑数字化产业快速转型升级,于是,社会对能工巧匠的呼声越来越高,对职业教育培养能工巧匠更是寄予厚望。

数字经济时代显著的特征是知识更新速度快,学校培养的学生不仅应具备扎实系统的专业基础知识,同时要具备终身学习的能力,需要在工作中不断根据技术的发展趋势进行补充与更新。不论是工业经济还是数字经济,高技能人才始终是中国制造业的重要力量,他们身上蕴藏的工匠精神始终是创新创业的重要精神源泉。截至 2020 年年底,全国技能劳动者超过 2 亿人,高技能人才超过 5000 万人。实践充分证明,技术工人队伍是支撑中国制造、中国创造、中国建造的重要基础,对推动经济高质量发展具有重要作用。只有大力弘扬工匠精神,培养更多卓越工匠、能工巧匠、大国工匠,才能为全面建设社会主义现代化国家、实现中华民族伟大复兴的中国梦提供有力人才和技能支撑,只有培养大批具有扎实专业基础知识、职业技能和创新能力,具备高超技艺,能够进行创造性劳动的卓越工匠、能工巧匠和大国工匠,才能加强数字经济的关键技术突破,实现关键技术与人才培养的自给,为数字化治理与数据价值化赋能。

1.3.2　培养知识型、技能型、创新型能工巧匠

中共中央办公厅、国务院办公厅印发《关于推动现代职业教育高质量发展的意见》(以下简称《意见》),提出现代职业教育要以习近平新时代中国特色社会主义思想为指导,深入贯彻党的十九大和十九届二中、三中、四中、五中全会精神,坚持党的领导,坚持正确办学方向,坚持立德树人,优化类型定位,深入推进育人方式、办学模式、管理体制、保障机制改革,切实增强职业教育适应性,加快构建现代职业教育体系,建设技能型社会,弘扬工匠精神,培养更多高素质技术技能人才、能工巧匠、大国工匠,为全面建设社会主义现代化国家提供有力的人才和技能支撑。

国家大力发展职业教育,推进职业教育改革,提高职业教育质量,增强职业教育适应性,建立健全适应社会主义市场经济和社会发展需要、符合技术技能人才成长规律的职业教育制度体系。职业教育必须坚持中国共产党的领导,坚持社会主义办学方向,贯彻国家的教育方针,坚持立德树人、德技并修,坚持产教融合、校企合作,坚持面向市场、促进就业,坚持面向实践、强化能力,坚持面向人人、因材施教。实施职业教育应当弘扬社会主义核心价值观,对受教育者进行思想政治教育和职业道德教育,培育劳模精神、劳动精神、工匠精神,传授科学文化与专业知识,培养技术技能,进行职业指导,全面提高受教育者的素质。

从学校到社会,从社区到企业,从线上到线下,从理论到实践,职业教育应对标国家对现代职业教育提出的新要求和树立的新目标,全力构建具有自身特

色的立体化、全方位的人才培养新模式,通过产教融合、校企合作、对接市场、强化能力等方式,培养多样化人才、传承技术技能、促进就业创业,让学生在职业教育的广阔前景中实现人生价值。坚持面向市场、促进就业,推动学校布局、专业设置、人才培养与市场相结合。职业教育与普通教育"不同类型、同等重要"。

在数字经济时代,职业院校培养的人才要适应就业结构向高技术化、高技能化发展,就要求其具备扎实的专业基础知识和持续学习的能力,切实做到干一行、爱一行,专一行、精一行。面对快速发展的技术与不断迭代升级的产业形态,职业院校也需要优化办学环境,增强职业教育适应性,提高内涵质量,在培养学生的自我发展的能力上下功夫,只有立足专业夯实专业理论基础,筑牢学生职业技能提升和职业发展的根基,才能为现代工匠职业能力持续发展提供动力源泉;重视理论与实践的结合,充分发挥职业教育类型教育定位特点,纠正职业院校普遍存在的"轻理重实""理实分化"现象。总之,从专业教育做起,重视理论与实践结合,用理论指导学生实践创新,从而培养知识型、技能型、创新型能工巧匠、大国工匠,适应就业结构向高技术化、高技能化发展。

第2章　能工巧匠的人才界定及内涵

2.1　能工巧匠的概念

　　"能工巧匠"出自北宋李格非的《洛阳名园记·李氏仁丰园》："今洛阳良工巧匠,批红判白,接以它木,与造化争妙。""能"在字典里,作为名词可组词为"能力""才能",作为形容词可组词为"有能力的"。在中国古代,依据"士农工商"的分类,"工"被列为了明确的工种,匠人被称为"百工",指以制作器物而谋生存的人,同时也是各种手工业者和手工业行业的总称;在现代,"工"被认为是工人和工人阶级的总称,"工人"一词起源于17世纪末的英国,当时英国出现了以工业生产为主的资本家,他们雇用大量的劳动力为自己开办的工厂劳动,称这些人为工人。"巧"作为形容词可理解为技艺高明、巧妙、精妙、美好和美丽等,作为名词可解释为技巧。"匠"即匠人,指专门制造工具或工艺品的人,其在现代则被称为"大师傅""技术员"等。基于此,能工巧匠可理解为技能高超、工艺精致、精巧缜密、匠心独运的匠人。

　　自古以来,任何一个从事工艺劳动的工匠,几乎都是以其毕生精力献身于这一领域的。换言之,工匠就是从小学徒开始而终身从事某种工艺工作的人,如铁匠、铜匠、泥瓦匠等。不同行业的匠人促进了中国古代文明的高度发达,在此过程中,优秀工匠们表现出来的职业精神,也就是我们今天所称的工匠精神,被提到相当的高度。典型的代表包括:"庖丁解牛"的精湛技艺所体现的"臣之所好者,道也,进乎技矣";魏源"技可进乎道,艺可通乎神",也将技艺的巅峰状态归之于"道"。"道"虽在中国的不同历史时期有着不同的内涵,但始终是中华传统文化中的核心理念,反映着中华民族最为深沉的精神追求。这里面所体现出来的以登峰造极、出神入化的纯熟技艺为基础的"道技合一"的境界追求,充满了"德艺兼求"的意味。这其中包含的对技术和技能的敬畏,对质量和细节的注重,对创新和创造的探索,对完美和极致的追求,以及所融注的情感与境界,正是工匠精神之精髓。

进入现代工业社会,伴随手工艺向机械化和智能化的转变,传统手工工匠似乎淡出了人们的生活,但工匠并不是消失了,而是以新的面貌重新出现了。1999年,原劳动和社会保障部会同原国家质量技术监督局、国家统计局颁布并于2015年完成修订的我国第一部《中华人民共和国职业分类大典》中提及的职业分类体系显示,工匠主要分布于"专业技术人员""生产、运输设备操作人员及有关人员"等,例如,现代工业领域里的新型工匠、机械技术工匠和智能技术工匠等。这些技术工匠往往聚焦于复杂的生产体系、工作流程中的某一个环节,他们的工作也许并不在聚光灯下,但是对于提升生产效率、制造业水平、提高实体经济质量效益具有重要作用。工匠们在平凡的岗位上默默坚守、孜孜以求,追求职业技能的完美和极致,成为一个领域不可或缺的人才,并提升一个领域的技术水准。近年来,中央电视台对大国工匠的事迹制作了系列节目开展宣传,例如,在第九季《大国工匠·匠心报国》中就报道了,易冉摸索出核心零部件新焊法,助力中国货车奔向世界;韩超在1500米深海指挥两台水下机器人进行脐带缆安装作业,让"深海一号"稳立万顷碧涛;张柯组装神舟飞船,助力17名航天员进入太空……

能工巧匠的出现源自人类日常生活和社会发展的需要,他们是技术进步的开拓者和实践者,不仅工艺技术高超,而且极具创造性和创新思维。能工巧匠不会单纯地把工作当作赚钱的工具,而是树立了一种对工作执着追求,对其所做的事情、制造的产品精雕细琢、精益求精的精神,他们的智慧劳动在人类文明的发展史上作出了无可比拟的贡献。在如今的新时代、新形势下，"能工巧匠"有了与时俱进的丰富内涵。用习近平总书记的金句表达，就是"弘扬劳模精神和工匠精神""弘扬科学精神和工匠精神"。可见，能工巧匠既要有劳模的高尚品德，也要有科学的思维方法。

基于以上概述，可将能工巧匠进一步理解为能适应新技术与产业变革需要，具有家国情怀和高尚情操，专业基础与职业能力扎实，具备高超技艺，能够进行技术革新、工艺改良、产品设计等创造性劳动的高端技术技能人才。

2.2 历史上能工巧匠的分类

在中国漫长的历史长河之中，能工巧匠通过双手感知并推动着历史发展，他们具有重要的社会地位。在一些历史时期，能工巧匠甚至被视为增强国力的战略资源。春秋战国时期，"工商食官"的格局逐渐被打破，出现了私人手工业者，故《论语·子张》中有"百工居肆以成其事"，表明"百工"已成手工业者的统称。西汉时期，《考工记》作为《冬官》篇补入《周礼》，这是中国目前所见年代最早的专门记载手工艺技术的文献，《考工记》记载："审曲面势，以饬五材，以辨民器，谓之百工。"工匠根据五材的形状和属性，结合实际需要进行处理，削成可供使用的器物。魏晋南北朝时期，具有专门技能的工匠主要从事于金、石、竹、漆、土、木和纺织等行业。明末清初有"九佬十八匠"的记载，"九佬"指的是阉猪、杀猪、骟牛、打墙、打榨、剃头、补锅、修脚、吹鼓手这九个行当。"十八匠"包括金匠、银匠、铜匠、铁匠、锡匠、木匠（又分长木匠，即建房的；方木匠，即打家具的；圆木匠，即做围桶、脚盆的，也称箍匠；还有锯匠，即锯木板的，也称界匠）、雕匠、画匠、弹匠、篾匠、瓦匠、垒匠、鼓匠、椅匠、伞匠、漆匠、皮匠、织布匠、绒匠、染布匠、弹花匠、铸造匠、磨剪铲刀匠、窑匠等，事实上已不止"十八"，"十八匠"只是一个泛指。

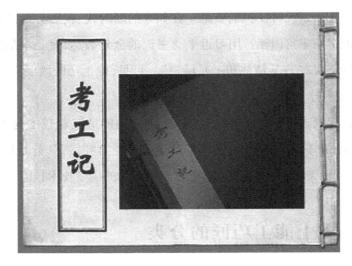

《考工记》:中国目前所见年代最早的手工艺技术文献

在《考工记》中,工匠被分为轮人、舆人、矢人、陶人、玉人等三十余种。在介绍每一种工匠时,开头往往是"舆人为车""矢人为矢"这样的话,表明是按照工匠所制造的产品来给工匠分类的,界限非常明确。从大类上说,古代的工匠至少可以分为以下几个领域。

2.2.1 交通工具制造类工匠

尽管马车、帆船没有汽车、轮船这样复杂,但当你真的动手制造它们时,就会发现其中有无数的"坑"在等着你。例如,制造一个木头车轮,选材时就得注意木材是哪一面向阳、哪一面背阴(这一面的木质相对疏松,所以要先用火烤一下);两边的轮子尺寸和质量是否完全一致;还得问问顾客,这个车主要用在泥地里还是山地上(前者需要把轮子的边缘打磨得薄一些,泥土就不容易黏附在车轮上了)。总之,马车、帆船等传统交通工具的制造对技术要求非常高,稍有不慎,就会让赶车、坐车的人苦不堪言。

独木舟

2.2.2 建筑营造类工匠

这个行业同样需要极高的悟性和耐心:你得先学会如何制造瓦片、砖块,并保证它们的强度、透水率等指标合格;还得精通测量技术,否则盖出来的屋子就会东倒西歪。当然,中国古代的房屋建筑中会大量使用木材,一个合格的泥瓦匠,还得懂木工才行。

斗拱

2.2.3 冶金铸造类工匠

早在殷商时期,中国就有了后母戊鼎这样精美的青铜器,可见中国冶金、铸造技术的发端非常早。在随后的历史中,工匠们对铁合金的认识逐步提高,无论是生铁、熟铁还是钢,他们都能够用各种巧妙的方法获得,并用在各自需要的场合。他们还能调配锡、铅、铜三者的比例,用于制造不同的铜器。对于金、银等贵金属,工匠们也能实现从矿石开采到金属精炼,再到器物打造的完整生产流程。冶金是一个非常有前景的行业,但也非常辛苦,工匠们必须忍受火炉旁的高温和噪声,相当耗体力,需要有足够的耐心和坚定的毅力。

冶铁铸造

2.2.4 兵器制作类工匠

无论是大侠的宝剑,还是士兵的戈、矛,乃至大量配发给军队的弓弩、箭矢、盔甲,都对制作工艺提出了非常高的要求。一个工匠如果精通制造连弩、火器等高技术兵器,就可能成为君主的座上宾,地位一跃而上。这一行对产品质量要求很高,一旦生产了不合格的兵器,尤其是在遇到脾气不好的君主时,就有掉脑袋的风险。

兵器锻造

2.2.5　食品生产类工匠

古代的食品生产主要包括酿酒、制糖、炒茶和晒盐等。这些工作的技术含量相当高，操作上稍有疏忽，就可能得不到合格的产品，白白损失一大批原料。因此，一个经验丰富的工匠，在这些行业中的地位是非常重要的。

酿酒、晒盐

2.2.6　纺织生产类工匠

中国古代的轻工业同样非常发达，其中，丝绸是最有代表意义的物品之一。制造丝绸的工匠虽然不会面对特别恶劣的工作环境，但需要掌握复杂的操作技巧，还需要有足够的耐心和高度的专注力。

纺织生产

2.2.7　水利工程类工匠

中国古代很早就出现水利工程技术教育了。宋朝时期,学堂教育中开始设置水利课程。胡瑗在苏州郡学任教时,曾设经义、治事二斋,"堰水以利田"即为治事之一。古代的水利工程类工匠,都是许多令人赞叹的水利工程建设的中坚力量,他们的工作对古代社会的发展起到了积极的推动作用。

古代排水系统

2.2.8　化学工业类工匠

制作精美陶瓷离不开化学工业类工匠,早在隋唐时期,中国不仅有了发达的制瓷业,而且在世界历史上最先发明了火药,说明我国古代的化学工艺已有相当的成就。到了明清时期,制瓷业发展达到了新的高度,制瓷技术也被系统地总结并形成科学理论。如清代朱淡的《陶说》,全书共分六卷,即《说今》《说古》《说明》《说器上》《说器中》和《说器下》。

陶瓷制作

2.2.9　园林工艺业类工匠

古代皇宫大官,特别是江南等地的富足世家等都有自己的园林或庭院,因此涌现了一批园林工艺类工匠,园林工艺迅速发展。明代的造园思想在许多著述中都有反映,如明代文震亨的《长物志》中的室庐、花木、水石等部分与园林直接有关。此外,刊行于万历年间的《鲁班经》是一部木工行业技术书籍,对房舍施工构筑、建筑工具和定位技术,常用建筑的类型尺寸,以及生活工具、家具的形制都有着详细的说明,为研究园林建筑提供了宝贵的参考。

长方形中式园林洞门设计

2.3　能工巧匠与大国工匠的时代性

2.3.1　现代制造业的能工巧匠"智能化"特征

制造业是我国实体经济的主体,是供给侧结构性改革的重要领域和技术创新的主战场,也是现代化经济体系建设的主要内容,是国家经济高质量发展的关键和动力。改革开放以来,经过几十年的发展,中国已成为制造业大国,工业门类齐全,制造业规模遥遥领先,众多领域已经进入世界前沿。根据中华人民共和国工业和信息化部发布的数据,截至 2021 年,中国制造业增加值已连续 12 年位居世界第一。

在快速发展的同时,不得不承认,我国已经步入工业化后期,制造业的竞争优势正在减弱,面临着前所未有的挑战。从国内看,劳动力、土地等要素供给受到限制;从国际上看,全球制造业竞争日益激烈,制造业出口受到发达国家和发展中国家的双重挤压,高端制造业发展受限于对海外关键零配件及设备的依赖,产业技术升级也面临来自发达国家的压力。制造业是立国之本、强国之基、富国之源,肩负创造物质财富的历史责任,是科技创新和民生发展的坚实基础。实现制造业的高质量发展,夯实我国未来的综合实力和国际地位基础,由高速增长转向高质量发展势在必行。

进入 21 世纪,信息技术日新月异,信息技术产业加速融合发展,工业互联网、新一代信息技术等概念先后被提出,为制造业的数字化转型提供了有力支撑。

对于制造业来说,工业互联网是一套非常强大的工具集,它是融合工业系统大数据、行业应用场景与人工智能等信息技术的专业互联网,有提高生产和管理效率、提高生产质量、降低生产成本、促进数字化转型升级等优点。目前,我国的工业互联网已步入发展快车道,国内具有一定行业和区域影响力的工业互联网平台超过 100 家,连接设备数量超过 7 000 万台(套),工业 App 数量超过 59 万个。例如,海尔从 2012 年就开始了智能化、网络化、信息化改造转型的探索实践,2017 年,海尔正式推出卡奥斯 COSMOPlat 工业互联网平台,它是由海尔自主研发的、具有自主知识产权的工业互联网平台。2017 年 8 月,华为 OceanConnect 物联网平台在华为公有云正式上线公测,OceanConnect 是华为云核心网推出的以 loT 连接管理平台为核心的 loT 生态圈。基于统一的 loT 连接管理平台,通过开放 API 和系列化 Agent 实现与上下游产品能力的无缝连接,为客户提供端到端的高价值行业应用,如智慧家庭、车联网、智能抄表、智能停车、平安城市等。2019 年 6 月,三一集团引入三现数据集控、柔性生产岛等新型生产方式,启动"灯塔工厂"等智能单位的建设,推动互联网、大数据、人工智能和制造业深度融合。2020 年,吉利成立了广域铭岛数字科技有限公司(简称"广域铭岛"),Geega 工业互联网平台随之诞生。作为吉利数字化转型的引擎,广域铭岛坚持自主创新,深耕汽车产业链,辐射上下游,打造跨行业服务生态。未来,随着越来越强大的工业互联网不断赋能,中国制造业将会有更高质量的发展。另外,大数据、云计算、物联网、人工智能、3D 打印等新一代信息技术产业突飞猛进,也将助力制造业的数字化转型升级,实现以机器大工业为基础的现代制造业等。

新时代中国制造业的高质量发展过程中产生了许多大国工匠,不断涌现的高素质技术技能人才、能工巧匠等撑起中国制造的脊梁。例如:

胡双钱——从事航空技术制造。他先后高精度、高效率地完成了 ARJ21 新支线飞机首批交付飞机起落架钛合金作动筒接头特制件、C919 大型客机首架机壁板长桁对接接头特制件等加工任务。他还发明了"反向验证"等一系列独特的工作方法,确保每一个零件、每一个步骤都不出差错。

胡双钱

宁允展——从事研磨高铁列车定位臂的工作,中车青岛四方机车车辆股份有限公司车辆钳工高级技师。十多年如一日,他在0.05毫米的研磨空间里实现高铁列车转向架"定位臂"的研磨,他将研磨技术和焊接手法巧妙结合,发明了一套"精加工表面缺陷焊修方法",修复精度最高可达0.01毫米,这种有效还原加工部位的操作法被中国中车认定为集团级别的"绝招绝技"。

宁允展

郭剑英——从事金相工作,积极进行技术革新。他开发了品间腐蚀温控装置,解决了品间腐蚀微沸问题;开发了钢管内壁研磨轮,提高制样速度;开发了低倍腐蚀温控装置,解决了手动控温不便问题等。他曾多次在国家物理测试刊物发表学术论文,在冶金工业产品脱碳层深度的检验、脱碳层式样制备、测定脱碳层深度划分等方面有深入的研究。他还编写了金相分析相关的培训教材,并在全国培训了120多名金相检验人员。

马福良——从事花丝镶嵌技艺工作。0.10毫米,这是他"掐"出的最细花丝直径,也是迄今为止这一技艺可以达到的最高水平。花丝镶嵌是一项融合艺术,集掐丝、錾刻、镶嵌等工艺为一体,2008年被列入国家级非物质文化遗产名录。马福良致力于将传统工艺与现代科技相结合,让花丝镶嵌这门古老的技艺融入人们的日常生活,焕发新的光彩。

马福良

高凤林——从事火箭发动机焊接工作。经过艰苦的锤炼,高凤林的焊接技术逐渐在业界脱颖而出。参加工作以来,经他手焊接的火箭发动机达到 140 多台,焊缝总长度超过 12 万米;在由 16 个国家和地区参与研制的暗物质与反物质探测器项目中,多个顶尖科研小组都没有攻克的难关,他一天一夜就拿出了解决方案;在新材料钛合金自行车研制中,他生产的样车通过了 20 万次振动试验,超过国际标准 10 倍,并已成功应用到长征五号钛合金构件上,这一成果连同另外两项创新成果,一举拿下了德国纽伦堡国际发明展览会的三项金奖……

高凤林

类似这样的例子数不胜数,他们在平凡的岗位上默默坚守,孜孜不倦地追求。只要不断追求职业技能的完美和极致,技术工人就能成为一个领域不可或缺的人才,实现人生出彩,并提升一个领域的技术水准。在中国制造由大变强的战略任务中,中国工匠们从不止步,从经验型到科技型,从手工型到数字型,从传统工匠到现代工匠的转变,他们一次次攻克技术难关,积极走在时代前列。他们正是现代的能工巧匠,完美地诠释了"工匠精神"应该成为"中国制造"的内在支撑,这样才能让我们国家制造的产品释放出更加夺目的光彩。

2.3.2 电子信息类的能工巧匠"数字化"特征

电子信息产业是当今世界最为活跃、发展最快的产业之一。当前我国电子信息产业正处于供应链、生态链重塑变革的历史机遇期,大规模集成电路和计算机的大量生产及使用,光纤通信、数字化通信、卫星通信技术的兴起,使得电子工业迅速成长为高技术产业,以 5G 为代表的新一代信息技术正在推动产业链升级,使电子信息产业逐步从"劳动密集型"向"资本技术密集型"转型升级。

电子信息产业是社会经济活动中专门从事信息技术开发,设备、产品的研制生产,以及提供信息服务的产业部门的统称,是一个包括信息采集、生产、检测、转换、存储、传递、处理、分配、应用等门类众多的产业群,主要包括电子信息工业(包括计算机设备制造业、通信域网络设备制造业及其他信息设备制造业)、信息服务业和信息开发业(包括软件产业、数据库开发产业、电子出版业、其他信息内容业)。电子信息产业领域十分广泛,尤其是以电子信息为主体的数字经济快速发展,要求电子信息类能工巧匠具备"数字化"技能特征。

(1)电子信息工业能工巧匠

电子信息工业自 20 世纪 20 年代传入中国,到现在已经深深地植入我国生产的方方面面。电子信息的发展把人类带进了一个信息爆炸的新时代,对人类社会的经济、文化等各个方面产生了深远的影响,人类面临着前所未有的巨大挑战。在工业生产中,信息化作用尤为明显。新兴的信息产业迅速崛起,并开始取代钢铁、汽车、石油化工、机械等传统产业,成为知识经济时代的主力军。电子信息化在工业中主要体现在生产与应用两个方面。信息生产涉及高新技术产品之类的物件,包括微电子产品、半导体元件、雷达设备、计算机软件以及诸多无线电通信设备等。自 20 世纪 90 年代以来,信息化生产在工业中已经做到了良好的应用,成为当下经济发展的主要趋势。信息化的驱动结构调整,有效地提升了资源利用效率,也逐渐提升了企业的市场竞争力。信息化生产有效地优化了我国的国民经济增长方式,实现了产业高效率生产运作,提升了我国的经济竞争力。电子信息工业的蓬勃发展,离不开该行业涌现出的一批又一批"能工巧匠"。例如:

胡伟武——从事计算机 CPU 研究工作。2001 年,胡伟武出任龙芯 CPU 首席科学家,在时任中国科学院计算所所长李国杰和研究员唐志敏的领导下,胡伟武率领几十名年轻骨干日夜奋战,于 2002 年 9 月 28 日成功发布中国第一枚通用 CPU——"龙芯 1 号",结束了中国计算机产业"无芯"的尴尬历史。

胡伟武

梁骏——从事集成电路工作。他主持高清卫星数字电视芯片设计,在关键领域、"卡脖子"的地方攻坚克难,并参与研发了国内第一颗卫星数字电视接收机芯片、第一颗有线数字电视接收机芯片,也见证了机顶盒从标清到高清的跨越。

梁骏

潘玉华——从事微系统集成制造的无线电装接精密手工焊接工作。潘玉华一直承担航天、弹载等多个重点项目和重点课题的 PCB 新工艺验证和生产任务。在某代导航项目研制过程中,潘玉华创造性地采用焊接金属改性、传热控制夹具设计、回流曲线优化等多项关键技术,克服了大尺寸陶瓷基板无助焊剂焊接这一行业公认的技术难题,实现了高焊接强度、高气密性与高效率生产的协同,使该项目核心功能模块的研制周期缩短了 40%。

潘玉华

陈桂文——全国技术能手,上亿人网络安全的"守门员"。作为中国移动通信集团广东有限公司通信网络安全主管,陈桂文从新手迅速成长为技术专家,他在全国率先研发出高频电话提醒服务,平均每年协助广东 1.2 亿手机客户免受 53 亿次高频电话骚扰。"网络安全不仅关系到国家安全、关系到社会的正常运行,也关系到老百姓的钱袋子。所以我要尽可能快地提升自己的本领。"陈桂文说。经过不懈地坚持和努力,陈桂文熟练掌握了安全攻防技术,迅速成长为网络安全领域的专家,并从无到有,培育出一支 500 余人的广东移动网络安全团队。

陈桂文

顾春燕——从事雷达收发组件组装工作。她用 1 克黄金拉出 10 微米直径、661 米长的金线,其直径大约是一根头发丝的 1/8,用这样的金线来键合雷达收发组件,顾春燕需要把组装的不可能变成可能。这种焊接不用焊枪,没有火星,高倍显微镜下 6 万赫兹的震动频率,通过她右手的触碰,将中国最尖端雷达设备的收发组件一点点串起,她用自己的一双巧手,串联起我国最尖端雷达的核心。

顾春燕

纪宏丰——在军队从事雷达维修保障工作。在 2019 年的陆军"砺装—2019·维修能手"比武中,纪宏丰创新性地提出"单兵全能、互相补位"的训练模式,将协同操作转变为单兵操作,维修时长缩短至原来的 1/3,成功夺得班组、个人双料冠军。如今,纪宏丰已经精通近 20 种型号雷达维修保障技能,他还把新型装备的保障要素和操作流程细化并归纳成册,在一场场实战演练中逐一验证,让战场伴随保障更加精准高效。

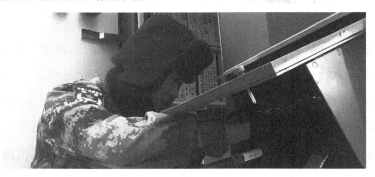

纪宏丰

张路明——从事无线电通信设计工作。自 20 世纪八九十年代到现在,张路明参与研制了四代短波通信系统产品,主持了三代短波通信系统设计,他和团队设计的产品解决了边海防通信难题,助力新一代战斗机、新一代通信网络等重大项目、重大工程建设与应用,为我国短波通信装备发展作出了卓越贡献。

张路明

　　傅祥——从事卫星通信工程建设工作。他多次远赴某海域,针对卫星天线在海洋环境下存在高温、高湿、高盐雾腐蚀设备的问题,提出对天线材料及结构进行改进的意见,并自主创新研制了某新型船载卫星天线汇流环取代进口,先后配合完成了多种型号机载卫星天线的试制工作。

傅祥

　　中国电子信息产业的发展离不开能工巧匠,更离不开他们锲而不舍的工匠精神。不论是传统电子信息产业升级转型还是新兴电子信息产业从无到有,我国电子信息产业发展取得的每项成绩,都是众多劳动者凝心聚力、精益求精的实干精神所造就,都凝结着能工巧匠们攻坚克难、争创一流的智慧与汗水。

（2）信息服务业能工巧匠

信息服务业属于电子信息产业中的软产业部分，是信息资源开发利用，实现商品化、市场化、社会化和专业化的关键。随着电子信息技术的飞速发展，信息服务业提供的服务内容愈加丰富，尤其是云计算、大数据分析等技术的出现，进一步提升了信息服务业的产业价值和发展速度。在产业改革的背景下，信息服务业正逐渐成为各地区经济发展的主导产业，信息服务业的总体产业规模实现了迅速扩增。现代信息服务业的发展将对我国整体经济水平的发展起到至关重要的作用，将成为国民经济的重要支柱。信息服务业同样有着一批领军人物，他们不断挖掘信息服务业领域，勇于创新和缔造先进技术成果，充分发挥典型经验的示范引领作用，赋能行业数字化转型。

颜亮——致力于云服务产品打造和建设。作为中国 IT 界的一名老兵，20年来，浪潮集团云服务产品部总经理颜亮秉承敬业、创新、精益求精的工匠精神，带领团队奋勇前行，于 2014 年在济南建成亚洲最大第四代云计算中心——浪潮第四代云计算中心。截至 2018 年，浪潮云服务产品体系已达八大类 107种，其中包括计算、存储、安全、人工智能、管理服务等。目前浪潮云连续七年稳居中国政务云市场占有率第一。

颜亮

徐宏灿——投身行业信息化服务建设。在数字化转型的关键时期，他运筹帷幄，抢抓机遇，积极布局，领导南天电子信息进行大量技术和业务创新，促使公司完成转型升级的华丽蜕变。在他的领导下,南天电子信息首创了"DSV"
(数字化服务提供商)的理念,并朝着数字化服务创领者的目标大步迈进。

徐宏灿

刘云——从事信息化综合服务。刘云积极带领公司自主创新,研究出结合
了计算和大数据技术开发的信息产业发展载体及基础支撑平台"云能云",该平
台在提供大数据处理云平台,降低设备购置成本,提高资源利用率和工作效率,
实现降本增效及辅助决策,提供科学技术支持等方面体现出了应有的价值。同
时,在应用方面,该平台提供智慧能源综合服务,以及面向政府企业提供一体化
的私有云服务和大数据服务。

刘云

信息服务业的发展不仅仅是一个行业、一个产业的问题,它关系到国民经

济与社会发展的全局。正是有了这批勇于争先、勇于创新的能工巧匠,中国的信息服务业才能够蒸蒸日上,紧跟时代信息化潮流。

（3）信息开发业能工巧匠

信息开发是指人类通过对信息资源的不断探索、认识和利用,使信息的质与量得到发展。信息资源的开发利用是国民经济信息化的关键,因此加速信息开发是当今社会一项紧迫的战略任务。信息资源的加速开发,不仅可以丰富人类的知识,节约社会劳动,而且可以增强人们实践活动的目的性,减少其不确定性,促进国民经济的发展和社会的进步。信息资源探索与开发的过程中,也有一大批能工巧匠脱颖而出。

姚期智——第一个获得图灵奖的亚洲人,也是迄今为止唯一获得图灵奖的华人科学家。姚先生在 2004 年怀揣着中国梦毅然辞去普林斯顿终身教授职位,全职回国任教。十几年前,互联网企业刚刚在国内兴起,然而计算机领域的教育,尤其是科研工作,与国际前沿仍存在一定的差距。这个差距并不是因为技术落后,更多的是因为西方研究机构鲜有关注国内机构的工作,同时,国人在研究热点方向上缺少话语权,导致当时国内的互联网研究似乎处于主流研究工作的边缘。姚先生的回国,在当时的海外科研领域引起了不小的轰动,也对后面大批优秀人才的回国产生了非常积极的影响。可以说,怀揣着中国梦的姚先生,尽自己所能,偕同广大计算机学者一道,极大推动了中国计算机事业的发展。

姚期智

　　求伯君——从事软件开发行业。1988 年,他加入香港金山公司后,他的第一目标就是搞定 WPS。他闭关在酒店房间,拿着一台 386 计算机,耗费一年零四个月,期间还住了三次院,以一己之力敲下了十二万零两千行代码,自此 WPS1.0 横空出世,一度震惊中国程序员。到目前为止,WPS 已经成为国内使用最为广泛的国产办公软件之一,市场影响力不断提升。

求伯君

　　冯春培——从事数据库应用开发行业。2004 年入职阿里巴巴,带领数据库团队奠定了阿里巴巴在国内数据库应用领域的领先地位,领导了数据平台“登月一号”项目,推动了实时数据平台及图数据库的发展。

冯春培

　　张秋林——从事出版社编辑工作。自担任二十一世纪出版社社长以来,张秋林坚持正确的出版方向,出版了一系列“双效”俱佳的优秀图书,由他亲自策划和编辑的图书多次获国家级奖项和地区、省级图书奖。

张秋林

张凌云——掌阅科技创始人。在他的带领下,掌阅科技成立了公版项目组,在抓好自身发展的同时,还坚持技术创新联动发展,不断积累深化技术领先优势,注重知识产权保护,将国学公版书进行分类、选稿、校对、翻译,目前,"掌阅公版"上线了经、史、子、集、类5个部分,总计200余本图书,并免费提供给用户,总下载量超7000万次。"掌阅公版"项目获得了2015年度十大数字阅读创新案例奖,已经成为数字化公版书里独具特色、高品质的代表。

张凌云

能工巧匠的辉煌事迹无疑证明,他们是各自行业的革命者、光荣的劳动者。正因为有了他们的"一念执着,一心坚守",信息开发行业才能遇山开道,遇水搭桥,不断探索并挖掘信息新用途,从而推动国民经济的发展与社会的进步。

第3章 协同学的基本内涵

　　协,众之同和也。同,合会也。协同是通过协作形成拉动效应,推动两个或多个不同的个体或者资源共同前行,使所有参与方获益,所有个体或者资源属性互相增强,共同向积极方向发展,最终合作达成同一目标的过程。协同学是处理复杂系统的一种策略,其目的是建立一种用统一的观点去处理复杂系统的概念和方法。协同学主要研究系统内部各个因素在一定外部条件的作用下,通过非线性相互作用形成协同效应,进而自组织成为一个协同体系的过程。协同学以其独特的视角,为研究客观事物之间的联系开阔思维,提供方法,目前在各个学科领域得到广泛应用。

3.1 协同学的概念

3.1.1 协同学概念的形成

　　协同不仅包括人与人之间的协作,也包括不同应用系统之间、不同数据资源之间、不同终端设备之间、不同应用情景之间、人与机器之间、科技与传统之间等全方位的协同。

　　协同学最早是由德国著名物理学家、斯图加特大学理论物理学教授赫尔曼·哈肯(Hermann Haken)在研究激光的过程中提出来的,他认为一个稳定的系统,它的子系统都是按照一定的方式协同地活动,有次序地运动。协同学的研究对象是自然界和社会中的系统,所有的系统都可以分为若干个子系统,在一定条件下,子系统之间往往是协同作用的,子系统之间的协同作用受相同原理的支配,而与子系统的性质无关。协同学是"一门关于协作的科学",或者是"关于一个系统的所有部分协同进行工作"的科学,是一门可以广泛应用的现代横断科学。协同现象存在于一切系统领域中,甚至人类的存在也依赖于协同运动的作用,社会的产生和发展同样要靠各个系统的协同。

"协同学"(Synergetics)一词来自希腊文,意思是协同作用的科学,即是关于系统中各个子系统之间相互竞争、相互合作的科学。1971年,哈肯的文章《协同学:一门协作的科学》正式发表;1972年,在联邦德国埃尔姆召开了第一届国际协同学讨论会,1973年,这次会议的论文集《协同学》出版,协同学随之诞生。哈肯认为,协同学研究的是系统的各部分之间互相协作,结果使整个系统形成一些微观个体层次所不具有的新的结构和特征的普遍原理,是不同学科间的协作、碰撞进而产生一些新的科学思想和概念的一般规律;1977年,哈肯在其专著《协同学导论》中,从理论、方法和应用的结合上,阐明了用协同理论处理自然科学和社会科学问题的深远意义和广阔的应用前景,揭开了协同学研究的新篇章。1981年,哈肯在题为《20世纪80年代的物理思想》的论文中,把协同学运用于宇宙学领域,指出在宇宙系统中呈现出的有序结构也可以用协同学的理论加以解释。这一切表明,无论是宇宙观系统,还是宏观和微观系统,只要它们是开放的系统,就可以在一定条件下呈现出非平衡的有序结构。

支配原理和序参量是协同学的基本概念。协同学处理自组织问题的程序大致分为三步:第一步,作线性稳定性分析,确定稳定模和不稳定模;第二步,使用支配原理消去稳定模,建立序参量方程;第三步,解序参量方程,决定系统的宏观结构。

支配原理的巨大威力在于把数学上难以求解甚至无法求解的一组非线性方程简化为少数几个甚至一个序参量方程,而找出了处于支配地位的变量。协同学的基本原理认为这些变量决定着系统的宏观结构,哈肯称这些变量或慢变量为序参量。

支配原理说明,系统从无序转变为有序以及从有序转变为更为复杂的有序的过程,也就是在一再形成新的自组织过程中,总是由序参量支配其他稳定模而形成一定的结构或序,是序参量起了主导作用的结果。如果不存在序参量的支配中心,系统将处于混乱状态。

3.1.2 协同学的基本理论

协同学的研究对象是由大量子系统组成的系统。例如,激光系统,其子系统包括原子、光子;生物系统,其子系统包括动物、植物;社会系统,其子系统包括党派和团体;等等。由子系统组成的大系统总有一个相对稳定的宏观结构,这个宏观结构是各个子系统相互竞争、相互作用而形成的模式,正是各子系统之间的协同作用与竞争,决定着系统从无序到有序的演化过程,这正是协同学的精髓所在,也是协同学中"协同"的真正含义。

协同学是一门研究关于系统内诸多子系统相互合作、相互作用的规律的科学,协同学理论从统一的观点处理一个系统中各部分之间的关系,其处理问题的方法是一种综合的方法,应注意从总体上把握对象,即着重研究各部分之间如何以协同一致的动作来产生整体结构。

协同学的表现为:千差万别的系统,尽管其属性不同,但在整个环境中,各个系统间存在着相互影响而又相互合作的关系。其中也包括通常的社会现象,如不同单位间的相互配合与协作、部门间关系的协调、企业间相互竞争的作用以及系统中的相互干扰和制约等。

大量子系统组成的系统,在一定条件下,由于子系统相互作用和协作,这种系统会发展演变,呈现新的宏观结构。协同学的研究内容可以概括为,研究从自然界到人类社会各种系统的发展演变,以及转变所遵循的共同规律。

应用协同学方法可以把已经取得的研究成果类比拓宽于其他学科,为探索未知领域提供有效的手段,还可以用于找出影响系统变化的控制因素,进而发挥系统内子系统间的协同作用。协同学能够成为软科学研究的重要工具和方法的一个主要原因是它揭示了物态变化的普遍方程式——"旧结构、不稳定性、新结构",即随机状态参量和控制变量之间相互作用把系统从它们的旧结构状态驱动到新结构状态,并且确定应实现的那个新结构状态(新组态)。这种物态变化可以扩展到许多学科,并且试图为似乎完全不同的学科之间增进"相互了解"和"相互促进"的机会。在这种系统的演化过程中,首先当外参量发生改变并达到一定程度时,系统原来的平衡就变得不稳定了,这种不稳定性是产生信息结构的先决条件。这时系统的发展过程同时有决定性和随机性两种因素的作用,它们决定着系统将要达到什么样的平衡。也就是说系统演化是偶然性因素和必然性因素共同起作用的结果,偶然性是指混乱无序状态中出现哪种萌芽状态是偶然的;而必然性是指一旦包含某种萌芽状态的参量被大多数子系统响应,系统演化到这种状态的新结构就是必然的,那么此时这个参量就被称为序参量。所以,在处理系统演化或自组织形成的问题时,就需要把动力学与随机理论有机地结合起来。

协同学理论说到底就是一种系统理论,它把一切研究对象看成"由子系统、元素或部分相互构成的系统",这些子系统彼此之间会通过信息交换、物理交集或者元素传达等方式相互作用。子系统之间通过这种相互作用,会将整个系统形成一种整体效应或者一种新型结构。在系统这个层次上,这种整体效应,即协同效应,具有某种全新的性质,而这种性质可能在微观层次是不具备的。当前大家普遍认为协同学的定义有两种:第一,协同学是一门关于系统内部各子系统之间相互合作、相互作用的具有一定规律的科学,它从相互共同认知的观点处理系统的各子系统之间的关联,导致共同参与整体水平上的结构和功能的协作;第二,协同学是相互协同和联系的多门学科交集配合的科学,促进不同学科之间相互协作。

3.1.3　协同学的特点

协同学理论主要研究各种各样的复杂的系统,如流体系统、化学系统、生态系统、地球系统、天体系统、经济系统、人口系统、管理系统等。协同学不但研究这些复杂系统宏观特征的质变问题,也研究由完全不同性质的大量子系统构成的各种系统,研究这些子系统通过怎样的合作才能在宏观尺度上产生空间、时间或功能结构,在这些研究中,以自组织形式出现的那类结构是协同学理论的研究重点。协同学的中心议题是:探讨是否存在支配生物界和非生物界结构和功能的自组织形成过程的某些普遍性的原理。

协同学研究系统,主要分析系统内的各个部分之间的活动,各个部分通过竞争和合作构成系统整体的自组织行为,其关注的是所研究的系统的整体性质以及整体行为,有关协同学的理论主要有以下特点:

①协同学所研究的系统都是某个系统中的大量子系统。如社会学系统中的党派、集团、人;微观经济系统中的工厂、公司;生物子系统中的动物、植物;激光系统中的原子、分子;等等。子系统是系统的微观层面的表现,而系统则是子系统的宏观层面的呈现。在维持足够的外部(能量、信息或者物质流通)流通的基础上,系统内部的各个子系统之间彼此活动,使系统能够在总体上表现出宏观层面上的有序性和确定的功能行为;反之,从系统的宏观层面的形态也可倒推测出子系统的行为及子系统间的相互作用行为。

②序参量——衡量系统有序程度的参量,用序参量来描述系统的宏观方面的行为。在所有描写系统的状态参量中,我们从中找出随时间变化得快以及变化得慢的变化参量,在协同学理论中,我们运用慢变化参量作为序参量来描述系统的演化过程。

③提出序参量随时间变化的演化方程。运用数学的方法计算求解此方程可以得出主宰系统演化,以及反映系统宏观行为的序参量。

④引用控制论及信息论的概念和方法,研究系统中序参量与子系统间的相

互作用和相互影响,以及多个序参量之间的相互合作和相互竞争。这就可以使我们能够从系统的宏观状态方面着手,进而推测出有关子系统的部分信息。此外,通过这种方法,我们还可以了解到多个序参量之间的相互合作、相互竞争,最后究竟能够使一个系统在外部能达到什么样的宏观状态。

⑤协同学理论以整体观作为指导,认为如果系统内各个子系统之间的相互作用是非线性的,系统处于远离平衡态,就必须考虑系统的整体性。只有注意把复杂和简单、整体和局部、综合和分析有机地结合起来,才能把握客观对象的各个方面与它们之间的联系。

3.1.4　协同学的研究现状

随着 20 世纪 40 年代一般系统论理论的确立和控制论的提出,经过 60—70 年代一系列自组织理论的建立,再到 80 年代美国圣塔菲研究所进行的复杂性研究,系统科学的研究方兴未艾。

(1)俄罗斯的研究情况

从 2000 年开始至今,出版了"协同学:从过去走向未来"丛书 15 本,其中有一部分是对原有经典著作的再版,还有一部分是俄罗斯学者自己的研究成果,这套丛书致力于协同学范式、非线性科学、分叉理论、分形理论、混沌理论和许多其他有趣的方面。可以看出,俄罗斯协同学研究的范围相当广泛。

在 2005 年 5 月 24—28 日,由俄罗斯哲学界、莫斯科国立大学、俄罗斯科学院哲学所、俄罗斯科学教育部共同举办的第四届俄罗斯哲学大会"哲学和未来文明"中的六个学术专题发言中就有一个是"协同学哲学"。会上提交的论文中涉及协同学问题的有以下几篇:《全球化的协同学理论》《协同学范式:发展的本质和途径》《作为自我发展系统的协同学世界》《经济理论协同学的目的是什么?》《协同学框架内意识与无意识的作用》《协同学和世界统一问题》,都具有启发性价值。

俄罗斯学术界对协同学主要有三种解释:第一种与普遍观点相一致,认为协同学是新的总结式的研究复杂系统自组织基本规律的科学,线性科学、混沌、分形、突变论、分叉理论、波动理论、孤子理论、场理论的模式和方法都与协同学紧密联系,这一解释将协同学理解为最宽泛意义上的自组织理论。第二种认为协同学是俄罗斯科学哲学的一个研究方向,是对复杂行为的科学思想、方法及模式的跨学科分析,开拓了思维中关于人和世界的潜力。在这一解释中,协同学研究学科间对话的问题表现为现代社会认识中的特殊性和交流情境中的特殊性(后现代主义、语言哲学),并且将它们与科学观点(混沌理论、复杂性科学、量子力学、分形)相比较。第三种认为协同学是关于意想不到的现象的科学,这是对前两种的补充。可以说系统状态的任何本质性改变(或者其活动规则)都能产生意想不到的结果。不确定性是意想不到现象的原因,对意想不到现象的原因进行分析组成了协同学研究对象。

所以,俄罗斯学者将协同学从物理学、化学、生物学等自然科学领域扩展到经济学、心理学、社会学等人文社会科学领域不是偶然的。不仅自然客体属于其研究范畴,人类社会和人类智力活动的成果也属于其研究范畴。协同学领域的研究已是现代科学最富有成效的方向之一,学者们常常讨论的社会哲学和文化学的传统问题,不仅考虑了俄罗斯国内复杂的精神和社会文化环境,而且考虑了由协同学展示的这一新观点基础上看到的世界。

(2)其他欧美国家的研究情况

20 世纪 60 年代,美国战略管理学家安索夫第一次提出将协同学理论运用于企业战略管理中,他分析了战略协同在联系企业不同业务之间关系的原理,从而达到群体业务的成果大于个体业务简单加和后达到的业绩的目的。1983年,哈肯的学生韦德里希和哈格在《定量社会学的概念和模型》中,通过利用协同学的理论和方法,对联邦德国从 1967 年到 1980 年的经济发展建立了模型并进行了研究,甚至还将协同学的思想渗透到心理学中,对认知心理学和人格心理学进行了协同研究。

Michael E. Porter(1985)提出了价值链的新概念,他认为为了更好地突出内部管理对价值创造的作用,可以运用价值链来解释协同,企业可通过建立关联优势来获得竞争优势。Gremer(1991)运用协同学研究了基础设施和信息控制系统的建设。Stank 和 Keller(2001)指出了协同是系统各成员之间共同作出决策的过程,它们互相交流信息、共享资源,从而达到共同的决策目标。Olemskoi 等(2001)运用协同学对交通流的自组织现象进行了研究与探讨,对交通流中的耗散、相变和协同进行了定量描述,利用小波分析实证研究了交通流中的分形情况;同时,他们还提出了一种基于自组织理论的交通流管控模式。Tyan 等(2003)认为协同运输管理是一种全新的伙伴策略,也是一种新的商业模式,是将输送人计入供应链中,从而使他成为信息共享与协同的策略性伙伴。Gajda(2004)将协同学应用到策略联盟(strategic alliances)中来,所谓策略联盟,可以理解为通过跨组织的联合为商业伙伴与最终顾客创造一定的效益。

(3)我国的研究情况

基于国外学者对协同学研究的理论分析和实证分析,国内学者结合中国的实际情况,同样也对协同发展的现状进行了一系列研究,协同学已在我国多个领域得到广泛的应用,包括物理学、化学、生物学、教育学、经济学、管理学、社会学、医学、计算机科学、交通运输工程、机械工程、电气工程、土木建筑工程以及体育学等多个学科领域。如今各学科之间相互交叉、相互融合、相互渗透,将这些学科进行单一的从属归类就显得异常困难,例如,经济学往往能够渗透到社会学、管理学之中。总体来说,近些年来我国协同学理论的应用大都集中在社会管理、企业管理以及交通运输规划等领域。

国内有关协同学的历史最早可追溯到 20 世纪 80 年代初期,王雨田教授可以说是我国最早研究协同学理论的学者之一,他在 1986 年出版了《控制论信息论系统科学与哲学》一书,其中的第十五章详细介绍了协同学理论。随后,国内学者对协同学及其应用的研究越来越多。

孙玲运用协同学的理论知识,通过对智能交通系统(ITS)的模型研究,得出影响这个系统的两个因素——城市的交通控制系统和城市的交通流诱导系统，对制定有效的政策、措施具有重要意义。

在社会经济方面，张铁男应用协同学的原理，通过求解序参数方程，得到了企业和行业惯例的协同情况。白冬梅基于协同学的理论，通过建立灰色关联分析和灰色系统模型，得出影响房地产系统的主要因素为企业的自有资金和土地的购置面积，这为政府制定政策提供了理论支持。

3.2　协同学的主要内容

协同理论作为现今系统科学中一个不可缺少的子理论，无论对自然科学还是社会科学，都有重要影响。协同理论的产生和发展基于多学科的综合交叉研究，这也是现代多门新兴理论的特点。协同学被界定为"合作的科学"，研究的是由许多个体部分或因素构成的复杂系统，这些系统能够产生宏观的结构或功能，而这些结构或功能并不是通过特殊的方式从外部强加给系统的，而是其系统自身组织生成的。

3.2.1　序参量和相变

在远离平衡状态的系统中，子系统总是存在着自发的无规则独立运动，同时又受到其他子系统对它的共同作用，即存在着子系统之间关联而形成的协同运动。在临界点前，子系统之间的关联弱到不能束缚子系统独立运动的程度，因此子系统本身无规则的独立运动起着主导作用，系统呈现无序状态。随着控制参量的不断变化，当系统靠近临界点时，子系统之间所形成的关联便逐渐增强，同时子系统无规则的独立运动在相对变弱，当控制参量达到"阈值"时，子系统之间的关联和独立运动从均势转变为关联起主导地位的作用，因此，在系统中便出现了由关联所决定的子系统之间的协同运动，产生了宏观结构或类型。

一般的相变是子系统间具有不同聚集状态之间的转变,不同的相变具有明显的有序性和无序性。

系统的相变是突然发生的,这是一种临界现象。标志相变出现的参量就是序参量。序参量便是系统相变前后所发生的质的飞跃的突出标志,它表示着系统的有序结构和类型,是所有子系统对协同运动的贡献的总和,也是子系统介入协同运动程度的集中体现。在相变前,序参量应为零,在临界点,序参量随着系统有序程度的增加而急剧增大。

正确选择序参量会给问题的处理带来极大的方便。序参量来源于子系统间的协同合作,同时,序参量又起着支配子系统行为的作用。其中,协同包含着两层含义:一是子系统之间的协同合作产生宏观的有序结构;二是系统在临界点处,有时会有几个序参量同时存在,此时序参量之间也会自动协调,它们合作起来协同一致地控制系统,系统的宏观结构由几个序参量共同决定。此时,序参量之间的协同合作决定着系统的有序结构。然而,随着控制参量的继续变化,处于合作中的几个序参量的地位和作用也在变化,序参量之间的竞争也日趋激烈,一旦控制参量达到一个新的阈值,最终只有一个序参量单独控制系统。实质上,子系统之间的协同运动使系统达到了更高一级的协同,即更高一层的有序。协同形成结构,竞争促进发展,这是相变过程中的普遍规律。

3.2.2 快弛豫变量(快变量)和慢弛豫变量(慢变量)

在系统中,针对临界行为,系统参量可分为两类,绝大多数参量仅在短时间内起作用,它们的临界阻尼大,衰减慢,对系统的演化过程、临界特征和发展前途不起明显的作用,这类参量称为快弛豫变量(快变量)。另一类参量只有一个或少数几个,它们出现临界无阻尼现象,在演化过程中从始至终都起作用,并且得到多数子系统的响应,起着支配子系统行为的主导作用,所以系统演化的速度和进程都由它们决定,这就是慢弛豫变量(慢变量)。

3.2.3 协同学方法论中的绝热消去法

对于由大量子系统构成的系统来说,需要建立数目极多的偏微分方程组来表示子系统之间的耦合或关联关系。在方程中,为了体现演化过程中起支配作用的慢弛豫参量而忽略快弛豫参量的变化对系统演化的影响,即令快弛豫参量的时间微商等于零,然后将得到的关系式代入其他方程,由此便得到了只有一个或几个慢弛豫参量的演化方程——序参量方程。这种处理方法就是绝热消去法,它可以把难以胜数的偏微分方程化为一个或几个序参量方程,使原来难以求解或者无法求解的问题变得简单明了。

绝热消去法是非常有用的方法,当系统的演化不能用方程加以描述时,绝热消去的思想仍然可以运用到系统模式建立的分析中。事实上,可以在直观上发现系统演化过程中的各种变量变化的快慢,注意系统的慢变量,或者注意系统的各个变量的寿命长短,就可以大致通过比较忽略的方法寻找序参量。而序参量一旦找到,系统的动力学过程的自组织机制基本就清楚了。这里只说明了绝热消去的处理方法,实际处理中的系统会很复杂。

3.2.4 自组织

从无序状态转变为具有一定结构的有序状态,或者从有序状态转变为新的有序状态,首先需要环境提供能量流和物质流作保证,也就是说控制参量需要达到阈值,这种转变才成为可能,这是必需的外部条件。然而,系统在相变前后的外部环境并未发生质的变化,也就是系统并未从环境中得到怎样组织起来、形成什么样的结构以及如何维持发展这种结构的信息,因此这是在一定的环境条件下由系统内部自身组织起来的,并通过各种形式的信息反馈来控制和强化这种组织的结果,这种组织被称为自组织。自组织理论是协同学的核心理论。

3.3 协同学的应用

协同学理论强调关注在作为统一整体结构的组成条件下部分的协同相互作用。协同学指的是在数学、物理方法基础上，从事研究自组织过程和各种不同本质结构的产生、维持、稳定和分解过程的科学。在研究某一对象时，关键是要找到其中的序参量，并且合理地从外部提供能量，促使研究对象在临界涨落机制下，沿着选定序参量的方向实现对称破缺，最终形成有序的宏观状态或模式。

3.3.1 协同学应用领域

协同学创立的时间虽然不长，但获得了广泛的应用，从自然科学、工程技术到社会科学，都有它的用武之地。

在物理学领域，诸如激光、无线电、流体力学等方面都有它广泛的应用场景，并取得了可喜的成就。

在化学和生物学领域，诸如生物进化、化学振荡、化学耗散、化学非平衡相变等研究方面，协同学也都得到应用。

在军事领域，协同学的应用也很广泛，如排兵布阵，海、陆、空各军兵种的主体综合协同作战等。

在地质勘探领域，采用地球物理勘探方法，在地表面寻找某种深部矿体的综合方法的应用研究，以及卫星上天、太空航行等，均为协同的结果，是集中了理论物理、实验技术、辐射化学、宇宙科学、冶金、爆炸工程、精密仪器等科学技术进行大规模、有组织的协作的结果。

在医学领域，一个人生病了，往往需要各科会诊，即医院中各科的协同。

3.3.2　协同学在教育领域的应用

近年来,协同学越来越多地被用于社会科学领域,如经济、城市规划、人口控制和教育等领域。但是协同学在教育领域的应用目前还处于定性研究阶段,虽然也可以用一些数学方法处理,但比物理和化学领域的精确度要差得多。

无论是哪一种类型的教育,其教育方法的选择都是至关重要的,关系到整个教育的质量。毛泽东同志说过:"不解决桥或船的问题,过河就是一句空话。不解决方法问题,任务也只是瞎说一顿。"我们如果没有科学管用的教育教学方法,面对教育的新征程、新目标、新使命,不仅难以交出优异答卷,还会错失教育大发展的重要战略机遇期。因此,我们一定要解放思想,不断创新各种方式方法,注重既讲清教育的理论观点,又要指明实践路径举措,既讲是什么怎么看,又讲怎么办怎么干,既部署开启全面教育新征程这一"过河"的任务,又指导解决"桥或船"的问题,从而加强对教育的前瞻性思考、全局性谋划、战略性布局、整体性推进,当在具体的执行中有了思路和方法,就有了信心和勇气。在育人过程中,各要素之间的界限被最大限度地削弱,因此,应尽可能围绕人才培养目标实现一体化管理和协作,实现各要素之间有序参与、互联互通,提高协同育人的衔接性,对教育过程中的各要素进行有效协调,促进各类教育资源的效率最大化,形成最佳教育合力,从各个方面满足社会对人才培养的需要,实现人的全面发展。

随着社会经济的迅猛发展,教育管理现代化也步入历史的转折点。教育管理体系以有序性为基本特点,通过对教育系统内部资源与力量的协调来使整个系统有序运行。教育体系呈现出封闭式管理系统的基本特征,即系统内决策、执行、反馈、监督等管理手段构成一个连续的、封闭的回路。

教育治理与协同理论中的开放系统一样,都存在着影响系统宏观性质的关键序变量。与封闭系统中熵的概念相对应,协同学中的开放系统的状态由一组状态参量来描述,当系统逐渐接近形成有序结构的临界温度时,系统内极个别的参量将对系统的有序性产生决定性作用,故称之为序参量。对于教育治理系统而言,系统的状态参量即教育领域内的影响程度不一的全部因素;系统趋向于形成有序结构的过程即教育改革的过程,伴随着教育改革进入深化阶段,其中最为关键的三个序参量即政府、学校与社会。

在教育治理与协同理论中,开放系统中的关键序参量都依靠同步协作运动来促使系统实现有序。协同学认为,开放系统中的序参量是在外界不断地输入能量及物质的影响下,以同步的增长率进行协作运动,从而压倒系统内其他状态参量的运动,使系统达到一种具有较高级有序性的结构。在教育治理系统中,政府、学校、社会也是通过三者权责分明又相对,相互制约又相互支持的协作模式来实现改革目标的。因此,开放的教育治理体系与协同学的支配原理有着内在的关联性。

协同学支撑了教育治理的出现及发展,它表明在影响教育系统的诸多参量中,政府、学校、社会是最为关键的三个序参量。这三者在教育改革过程中的变化是最为缓慢也是最为关键的,唯有当这三个序参量增长率一致,通力合作,协调运动时,才能在教育系统外部环境的支持下产生内部有序升级,实现改革目标,从而优化教育系统内部环境,进而反哺教育系统外部环境。

3.4 协同学在职业教育领域的应用

职业教育是与经济发展密切联系的教育类型,要使协同学理论适用于各种系统,还需要解决在系统中主导变量和临界点的确定,以及系统发展趋势等问题,为此,研究学者建立了以序参量为基础的一系列解决方法。该理论虽然源于对自然科学的研究探索,但其解释的原理对教育科学也具有适用性,我们可以将其融合到我们所要研究的职业教育领域,协同理论所揭示的规律对于我国职业教育方法的创新具有重要参考价值,将协同理论相关原理应用到职业教育中,可以使职业教育工作中各种要素协调发生作用,有助于职业教育顺利施行和发展。

3.4.1　职业教育的协同学剖析

职业教育协同是由职业教育相关联系统内的子系统(政府、职业院校、科研机构、行业企业等)和各要素(人才、知识、技术、信息、资金、设备、场地等),以及它们之间的关系流所构成的,它依赖于职业教育相关联系统中不同主体的相互共生共享,植根于各要素维度、空间维度和时间维度协同增效的过程。基于协同学理论剖析职业教育的内在机理,分析职业教育相关联系统中的要素与要素、要素与系统、系统与环境等关系流,从开放性、复杂性、关联性、动态平衡性、时序性、涌现性、非线性等基本特征入手至关重要。

职业教育相关联系统是一个具有复杂性的开放系统。说它具有复杂性,是因为从系统的要素构成来说,它由政府、职业院校、科研机构、行业企业等多主体要素的多维子系统构成,每个要素又嵌套多个次级要素,且它们之间的关系呈现非线性特征。说它是开放系统,是因为它不仅植根于外部环境之中,而且与外部环境不断发生人才、知识、技术、信息、资金、设备、场地等交流,并且在输入和输出过程中,通过对各个要素进行多次整合,职业院校的职业及教育协同向有序方向完善和发展,并始终处于开放状态之中。

职业教育相关联系统处于远离平衡状态。协同学两大核心作用就是协同和竞争。协同增效根源于系统中职业教育主体以及要素的互补性和共生性,但受职业教育相关联系统外部环境的激励机制以及内部诸多要素差异性的影响,系统始终处于远离平衡的状态中,而不平衡的结果就是通过调整控制参量,优化系统结构,整合创新资源和创新要素,增强协同创新的动力,驱使系统从远离平衡状态趋于平衡状态,在反复的钟摆运动中,职业教育相关联系统将日臻完善和有序。

3.4.2　职业教育协同的序参量

根据协同学理论,序参量是微观子系统集体运动的产物、合作效应的表征和量度,是系统演化程度的宏观表现,支配着各子系统的行为,并主导着系统的有序演化。在系统的相变过程中,把握了序参量的变化,就抓住了系统演化的本质和进程。

职业教育相关联系统由政府、职业院校、科研机构、行业企业等多主体要素的多维子系统构成,而各子系统也是由许多创新要素所组成的。在初始状态时,各子系统相对独立行动,难以形成整体系统的协同效应,不能形成序参量;随着子系统和创新要素的不断相互作用和影响,系统一旦达到某一临界点时,子系统就会形成长程关联,协同效应日趋明显,序参量也就会随之形成。根据哈肯运用寻求序参量的方法,即绝热消去方法,消去快弛豫参量,剩下的少数慢弛豫参量就是系统演化的序参量。具体而言,在协同和竞争的矛盾性演化过程中,职业教育相关联系统逐渐形成以政府、职业院校、科研机构、行业企业等序参量的有序集合。而根据役使原理,少数几个慢变量组成的稳定模型决定了系统的有序结构。同时,各子系统也会产生一些序参量,例如在职业院校子系统里,技能大师、能工巧匠、学术领军人物、工匠精神、团队协作能力等也逐渐形成序参量。在系统演化过程中,在不同演化阶段,不同子系统的创新要素所起的作用有所不同。随着各子系统和要素的不断竞合,最终形成系统的主导序参量,即"协同增效",它将主导着系统的宏观发展方向,体现系统协同运动的有序程度,并支配着子系统的行为。因此,职业院校职业教育协同最终是由协同增效这一序参量支配、主导着职业教育相关联系统从有序状态演化。总而言之,通过构建序参量演化模型来"界维"和"降维",有利于宏观把握职业教育协同相关系统的有序演化。

3.4.3　职业教育协同的自组织

根据协同学理论,开放和非平衡态是系统自组织形成的前提条件,非线性作用是系统形成自组织的根本,随机涨落是系统自组织形成的基本效应。在控制参量的影响和序参量的支配下,通过放大涨落效应和非线性作用,系统从无序走向有序,达成自组织的演化。

在协同机制、激励机制、社会需求、国家政策等外部因素作用下,随着职业教育协同相关子系统和相关要素的相互协同和深度融合,逐渐形成系统的序参量,通过序参量的主导作用,最终形成一定的自组织结构,通过发挥放大涨落的基本效应和非线性机制的作用,促使职业教育协同相关系统从无序转变为有序,从低级有序演化为高级有序。具体而言,首先要增强系统的对外开放,引入负熵能力,主动引进国外先进职业教育办学理念,加强对政府行业企业的合作和交流,大力引进大国工匠、技能工匠、高层次技术技能人才,积极拓宽办学合作方式;构建系统的非平衡机制,克服和打破职业教育子体各自为政的局面,创建协作型、互助型、共用型的产教联盟、职教集团或者产教融合创新平台,对各自的利益诉求进行分析并制定对应的激励机制;放大系统的涨落效应,鼓励大家多出新创意、新思路,同时要因势利导,认真研究和把握社会需求和国家政策变动所带来的新机;发挥职业教育协同相关系统的非线性作用,改革以条块分割为特征的线性管理体制和机制,建立交叉融合的动态网状结构,实现系统内人才、知识、技术、信息、资金、设备、场地等要素的流动,整合和优化教育协同相关子系统资源,形成协同增效的自组织动力。

协同学理论阐述了职业教育协同相关子系统和各个要素之间的相互关系,并促使整个系统产生单个系统不具备的新结构和功能,使之产生"1+1>2"的协同效应。伴随着涨落效应,在控制参量和序参量的共同作用下,职业教育协同相关系统内各子系统主体将形成全面依赖的关系结构,并构建彼此耦合关联的关系,从而放大协同效应,促进系统的高级有序演化。

通过职业教育协同相关系统的适应性、创造性、优化性等过程,形成系统自组织协同机制和"差序化格局",这是实现职业教育协同相关系统持续性协同增效的关键。做好职业院校职业教育协同系统的顶层设计,制定整体实施路线,明确系统内各受益方的定位,明晰各自职责,通过调整控制参量,发挥序参量的主导作用,促进系统结构的"熵"形成多重互补性和创新主体之间关系的可达性,提高自组织正反馈能力,促进职业教育协同相关系统高级有序演化,形成自组织协同的长效机制,保证系统局部和整体的协同增效保持一致。

3.4.4 协同学理论下的职业教育工匠精神培养

在无序混乱的系统里,正确地选择序参量会给问题的处理带来很大的方便,从而达到我们需要的结果。通过协同理论发现合适的序参量,可以更好地引导职业院校职业教育人才培养模式进入有序状态。以协同学为理论基础,探索职业院校职业教育协同的内在机理,将有利于促进政府、职业院校、科研机构、行业企业全方位的深度融合,形成一种自组织的产教融合协同机制,有针对性地对不同发展水平职业院校的学生提供差异性的培养思路和规划,有利于整合校企资源、提高培训效率、降低培养成本,促进职业教育下校企产教融合培养能工巧匠的可持续发展。

精雕细琢、精益求精,存于匠心。工匠精神具体表现为劳动者的职业价值取向、职业态度精神、职业行为等,主要包括"乐业兴业"的敬业精神、"精益求精"的求索精神、"见贤思齐"的求学精神和"创新创造"的改造精神。工匠精神的培育是一个系统、持续的教育过程,关键在于多种教育资源的协同。借助协同学理论探索工匠精神培育的核心在于将协同学的价值取向和方法论贯穿始终。

首先,职业教育的工匠精神培育不能脱离社会环境而存在,要同社会对技术技能型人才的工匠精神要求相适应,并且需要借助行业企业提供真实生产环境、政府提供政策指导和体制机制等渠道,与社会环境进行培养理念、物质、信息等的交换,迅速对社会的需求做出回应,适时进行自调整和自适应,确保系统的生命力,生态开放性明显。其次,工匠精神培育包含了对工匠精神认知、情感、行为等的培养,是一个由多个子培育任务串联而成的、复杂的、高级的结构性系统活动。

工匠精神培育的各子系统之间具有内在一致性和相互衔接性,所以各种培养路径之间必须协同作用,才能实现工匠精神的系统培养。要实现工匠精神培育系统有序、有效地动态演进,需借助协同学的相关理论,分析工匠精神培育与协同学耦合的可能性及可行性,明确相应的控制参量和序参量,准确把握工匠精神培育过程中的规律,从而确定工匠精神培育的协同模式,最终培养出一批具备大国工匠精神的能工巧匠。

第4章 职业教育的生态系统论

4.1 职业教育系统理论

4.1.1 系统论和社会系统论

(1)系统论

系统论产生于20世纪中叶的自然科学领域,最初为一般系统论,由生物学家贝塔朗菲(L. V. Bertalanffy)于1936年提出,该理论运用逻辑学和数学的方法研究一般系统的运动规律。贝塔朗菲在其经典著作《一般系统论:基础、发展和应用》(*General System Theory*:*Foundations*,*Development*,*Applications*)中,把系统定义为"相互作用的若干要素的复合体",并从基本的数学描述公式出发,引出整体性、总和性、机构化、中心化、果决性、同型性、反馈性、稳态化(动态平衡)、层次性、开放性等一系列概念和特征,其中整体性、机构化、反馈性、稳态化、层次性、开放性为基本特征[①]。系统论认为,"系统是由多个部分、按照特定方式结合起来、不断演化发展的整体,它在与其他事物和环境的相互联系中体现自己

[①] VON BERTALANFFY L. General system theory:Foundations, development, applications [M]. New York: George Braziller Inc. ,1973.

的属性、功能和价值"①。系统论把研究对象作为一个整体看待,从研究对象要素的微观层面、结构的中观层面、环境的宏观层面出发,分别研究三者之间的相互关系和变动规律,进而总体分析研究对象整体的结构和功能。任何一个系统都要使其内部各要素相互关联,并形成一定的稳固结构,且要与外部环境其他系统要素相互作用,方能实现系统的良好运行。系统论作为横跨自然、人文、社会学科的通用理论,为人们思考问题提供了一个全新的视角,使得人们逐步以一种全新的思维方式来认识、分析和解决问题。

可以说,系统是具有一定功能和结构的有机整体,并且存在于环境中,系统内各要素之间相互联系、相互作用、相伴相生②。通常情况下,系统的构成至少需具备三个条件:首先,系统由多个要素组成,单个要素不能成为系统,要素不能少于两个;其次,系统要素必须相互联系、相互作用,彼此割裂、互不相融的要素不能组成系统;最后,不能完成专门任务的要素不是系统的要素,具备特定的、独立的功能是要素的必要条件。从其本质上讲,研究系统是对系统诸要素的内在联系和相互作用的研究,探究要素之间协调运转、平衡发展的合目的性与合规律性,从而确保实现系统的特定功能,维持系统的整体平衡。

（2）系统分析法

系统分析法是一种系统研究的方法,它运用现代科学的方法和技术对构成事物的系统的各个要素及其相互关系进行分析,比较、评价和优化可行方案,从而为决策者提供可靠的依据。因此,可以将系统分析看成根据客观事物所具有的系统特征,从事物的整体出发,着眼于整体与部分、整体与结构及层次、结构与功能、系统与环境等方面的相互联系和相互作用,以求得优化的整体目标的现代科学方法以及政策分析方法。

系统分析最早是由美国兰德公司在第二次世界大战结束前后提出并使用

① 闫智勇,朱丽佳,陈沛富. 系统论视域下现代职业教育体系内涵探赜[J]. 职教论坛,2013(19):54-58.
② 宋瑞超. 高职院校思想政治教育生态系统建设研究[D]. 长春:吉林大学,2017.

的。1945年,美国的道格拉斯飞行器公司,组织了各个学科领域的科技专家为美国空军研究"洲际战争"问题,目的是为空军提供关于技术和设备方面的建议,当时称为"研究与开发"(Research and Development,R & D)计划。1948年5月,执行该计划的部门从道格拉斯飞行器公司独立出来,成立了兰德公司,"兰德"(RAND)是"研究与开发"英文的缩写。

从20世纪40年代末到70年代末的30年中,系统分析沿着两条明显不同的路线得到迅速发展。一条路线是运用数学工具和经济学原理分析和研究新型防御武器系统。20世纪60年代初期,美国国防部长麦克纳马拉把这套方法应用于整个军事领域,并很快在各政府部门推广,形成了著名的"计划—规划—预算系统"(PPBS)方法。在军事和政府部门的带动下,美国民间企业也开始应用系统分析方法来改善交通、通信、计算机、公共卫生设施的效率和效能;在消防、医疗、电网、导航等领域,系统分析方法也得到了广泛的应用。

另一条路线体现在与大学相联系的研究与教学的活动之中。沿着这一路线,存在着一种把众多的学科加以系统理论化的倾向:开始是在生物学和自动控制研究领域;随后扩展到工程学、通信理论、一般系统论、政治结构、国际关系、管理系统、生态系统、心理和精神分析以及教育系统等研究领域。到了20世纪70年代中期,系统分析从作为分析经济合理性的应用和作为研究对象的理论体系这种相互分离状态,逐步走向相互结合、相互补充,发展成为一种有效的方法体系。

目前,系统分析作为一种一般的科学方法论,已被各国所认可和采用,运用于广泛的研究领域之中,特别是在解决风险和不确定性的经济社会政策的制定以及公共决策系统的改进上。随着应用数学以及运筹学的进一步发展,高容量、多功能的电子计算机的出现,系统方法自身及应用范围不断深化和扩展,它构成了政策研究以及政策分析的主导性或基础性的方法。

系统分析方法的具体步骤包括:

①限定问题。问题是指现实情况与计划目标或理想状态之间的差距,系统

分析的核心内容是找出问题及其原因,并提出解决问题的最可行方案。限定问题,就是要明确问题的本质或特性、问题的存在范围和影响程度、问题产生的时间和环境、问题的症状和原因等。

②确定目标。应该根据客户的要求和对需要解决问题的理解确定系统目标,应尽量通过指标表示,以便进行定量分析。对不能定量描述的目标也应该尽量用文字说明清楚,以便进行定性分析和评价系统分析的成效。

③调查研究,收集数据。调查研究和收集数据应该围绕问题起因进行,一方面要验证有限定问题阶段形成的假设,另一方面要探讨产生问题的根本原因,为下一步提出解决问题的备选方案做准备。调查研究常用的有四种方式,即阅读文件资料、访谈、观察和调查。收集的数据和信息包括事实(facts)、见解(opinions)和态度(attitudes)。要对数据和信息去伪存真,交叉核实,保证真实性和准确性。

④提出备选方案和评价标准。深入调查研究,使真正有待解决的问题得以最终确定,使产生问题的主要原因得到明确,在此基础上就可以有针对性地提出解决问题的备选方案。备选方案是解决问题和达到咨询目标可供选择的建议或设计,应提出两种以上的备选方案,以便提供进一步评估和筛选。为了对备选方案进行评估,要根据问题的性质和客户具备的条件,提出约束条件或评价标准,供下一步应用。

⑤备选方案评估。根据上述约束条件或评价标准,对解决问题备选方案进行评估,评估应该是综合性的,不仅要考虑技术因素,也要考虑社会经济等因素,评估小组应该有一定代表性,除咨询项目组成员外,也要吸收客户组织的代表参加,最终根据评估结果确定最可行方案。

⑥提出最可行方案。最可行方案并不一定是最佳方案,它是在约束条件之内,根据评价标准筛选出的最现实可行的方案。如果客户满意,则系统分析达到目标;如果客户不满意,则要与客户协商调整约束条件或评价标准,甚至重新限定问题,开始新一轮系统分析,直到客户满意为止。

（3）系统分析法分类

根据系统的本质及其基本特征,可以将系统分析的内容相应地划分为系统的整体分析、结构分析、相关分析、功能分析和环境分析等方面。

系统分析法的内容

1）整体分析法

整体性是系统的最基本的属性或特征之一。

根据系统论的原理,任何系统都是由众多的子系统所构成的,子系统又是由单元和要素所构成的。系统的性质、功能与运行规律不同于它的各个组成部分在独立状态时的性质、功能和运行规律,系统的性质、功能与运行规律只有在整体意义上才能显示出来。一方面,系统的整体性体现了各个组成要素所没有的新性质、新功能和整体运行规律,这就是"整体大于各部分之和"的原理;另一方面,作为系统整体的组成要素的性质和功能也不同于它们在独立时的性质与功能,当它们作为系统的一部分与周围环境发生作用时,并不是代表孤立的要素本身,而是代表系统整体。

拉兹洛指出,系统论的观点是把系统作为从属组成部分结合成的集成整体来看待,从来不把系统当作处在孤立因果关系中的各部分的机械聚集体来看待①,系统是由若干要素以一定结构形式连接而成的具有某种功能的有机整体。要素与系统的关系可以理解为要素决定整体,整体制约要素。

用整体分析法进行研究的核心是:从全局出发,从系统、子系统、单元、元素之间以及它们与周围环境之间的相互关系和相互作用中探求系统整体的本质和规律,提高整体效应,追求整体目标的优化。因此整体及其目标的优化是整体分析的主要内容。面对一些复杂的、较大的系统时,要求我们把系统分解为一组相关联的子系统,在整体的指导下,协调各个子系统的目标,从而达到系统所要求的总目标,即通过求局部最优化得到的局部解,经过协调而得到整体的最优解。

2)结构分析法

结构分析是系统分析的一个组成部分。

系统的结构是指系统内部诸要素的排列组合方式。同样一些要素,排列组合的方式不同,就可能具有完全不同的性质、特征与功能。对于一个复杂的系统来说,如果没有一个确定其合理结构的方法,没有一个考虑整体优化的方案,那么,系统的分析和设计也就无法进行,也将对系统的运行产生不良的后果。结构分析是寻求系统合理结构的途径或方法,其目的是找出系统构成上的整体性、环境适应性、相关性和层次性等特征,使系统的组成因素及其相互关联在分布上达到最优结合和最优输出。

系统的结构分析法还认为,系统具有套嵌结构的特征,每个系统由更小的系统构成,宇宙就是层层系统构成的一个大系统,任何复杂的系统都具有一定的结构层次。因此进行系统分析要从宏观、中观、微观等三个层面分析问题,不同层面的分析将对系统产生不同的重要影响,将为系统决策提供不同层面的依据和建议。系统结构的层次性既指等级性,又指侧面性。前者是指任何一个复杂系统,都可以从纵向把它划分为若干等级,即存在着不同等级的系统层次关

———————————

① E.拉兹洛.用系统论的观点看世界[M].闵家胤,译.北京:中国社会科学出版社,1985:13,27.

系,其中低一级的结构是高一级结构的有机组成部分。后者是指任何同一级的复杂系统,又可以从横向上分为若干相应联系、相互制约,又各自独立的平行部分。

系统的结构层次性是系统的稳定性和连续性的重要保证,也是系统发挥其最佳功能的前提条件之一。系统分析中的层次分析法产生于 20 世纪 70 年代,是美国著名运筹学家萨蒂提出的。层次分析的基本思路是:明确问题中所包含的因子及其相互关系,将各因子划分为不同层次,从而形成多层次结构,通过对各层次因子的比较分析,建立判断矩阵,并通过判断矩阵的计算将不同政策方案按重要性或适用性大小进行排列,为最优方案的选择提供依据。层次分析首先要解决系统分层及其规模的合理性问题,层次的划分要考虑系统传递物质、能量和信息的效率、质量和费用等因素,其次要使各个功能单元的层次归属合理。

3)功能分析法

系统的功能分析法认为,系统与外部环境之间是相互联系、相互作用的,功能就是在这种相互作用的过程中表现出来的性质、能力和功效。功能表现于外,体现了一个系统对于另一个系统的意义和价值。人们认识和研究系统,其基本目的是利用、改造和获取系统的功能。例如,职业教育系统功能的实现就在于其培养出来的学生能够为社会、产业、企业等产生价值。

4)相关分析法

系统论告诉我们,构成系统的各个子系统、单元和要素之间以及它们与环境之间是相互联系和相互作用的,这一特征叫作系统的相关性(有机关联性)。相关性首先体现在系统与要素之间的不可分割的联系;其次,相关性体现在要素与系统整体的关系中;再次,相关性体现在系统与环境的关系方面;最后,相关性还体现在系统发展的协同性上。

相关分析要求我们在研究的过程中尤其是问题界定、目标设定和方案规划中,要充分注意到各种问题及问题的各个方面之间、各个目标之间、各个方案之间、子目标与总目标以及子方案与总方案之间的关系,注意问题目标和方案与社会、经济和政治环境之间的相互联系和相互作用,考虑各种因素对政策执行效果可能产生的影响,从而设计出理想的或较优的政策方案。

相关分析可以通过信息反馈和调整来进行落实。系统在构建后通过信息反馈不断进行调整,从而实现相对稳定。信息反馈是指系统信息输入与输出相互作用的循环,即不同要素之间相互作用的循环。反馈包括正反馈和负反馈,负反馈是使系统的运动和发展保持向既有目标方向进行的反馈,是系统保持稳定的因素;正反馈则使得系统越来越偏离既有目标值,甚至导致原有系统解体。正反馈和负反馈是系统存在与演化的机制之一,负反馈使系统趋向稳定的、合目的的运动;而正反馈使系统突破原有的平衡,进化到新的平衡。

5)环境分析法

系统论认为,系统与环境处于相互联系和相互作用之中。系统以外界的条件或环境作为存在和发展的土壤。环境是指系统之外的所有其他事物(外部存在),即系统发生、发展及运行的生态条件或背景。一个系统总是处于更大的系统之中,成为更大系统的子系统,因而更大的系统则构成该子系统的生态环境。系统与环境的相互联系和相互作用表现在:一方面,环境是系统存在和发展的前提条件,环境影响、制约甚至决定系统的性质与功能;另一方面,系统的存在和发展也改变着周围的环境,系统作用的不同将引起环境发生变化。系统与环境这种不断进行着的物质、能量和信息的交换,使系统具有环境适应性的特征。

系统是不断发展演化的,这种发展演化是在竞争协同中不断产生的。系统具有整体目的性,各要素具有局部目的性。系统的要素之间、系统与环境之间既存在整体同一性,又存在个体差异性。同一性表现为协同,即要素之间的合作;差异性表现为竞争,即要素之间的冲突。贝塔朗菲指出:"任何整体都是以它的要素之间的竞争为基础的,而且以'部分之间的斗争'为先决条件。部分之间的竞争,是简单的物理—化学系统以及生命有机体和社会体中的一般组织原理。"①要素之间的协同和竞争引起系统的"涨落",推动了系统的演化。

(4)社会系统论与职业教育

社会系统理论是在系统论的基础上发展起来的,在相关学者中,卢曼(Niklas Luhmann)是代表人物,他的社会系统理论将"系统/环境"称为观察中的主导性区分,认为"一个系统的结构和过程只有在与环境的关联中才能存在,而且只有在这样的关联中加以考虑才有可能被理解""或者说系统就是系统与环境之间的关联",其核心思想是"系统向环境开放",并把二者作为一个整体加以思考②。巴纳德(C. I. Barnard)的社会系统理论主张,人是具有自由意志、有限选择能力和合作意愿的有限理性人,社会的各级组织是一个由人的合作行为组成的合作系统,这一合作系统的存在和持续运行取决于合作意愿、共同目标与信息沟通三个核心要素在系统中的动态维持③。

教育系统可以看成一个开放、复杂的社会系统,是社会这个大系统中的一个子系统,受社会中其他子系统(经济、政治、文化等)的影响并发生相互关系,这些子系统构成了教育的外部环境。教育系统内部又包含基础教育、特殊教育、普通高等教育、职业教育等,其中,职业教育是教育系统的重要组成部分。

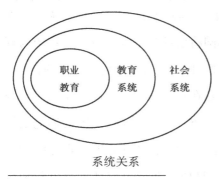
系统关系

职业教育如何构建完善的现代职教体系,系统论和社会系统理论为此提供了重要的理论基础和探究视角。在系统论和社会系统理论的框架下,一方面,职业教育要构建涵盖中职、高职、本科、研究生整条培

---

① 冯·贝塔朗菲. 一般系统论[M]. 林康义,魏宏森,译. 北京:清华大学出版社,1987:61.
② 王红雨,闫广芬. 大学与社会关系新探——以卢曼的社会系统理论为中心[J]. 高教探索,2016(5):5-10.
③ 张俭民,董泽芳. 大学生评教如何从失真到归真——基于巴纳德社会系统理论的视角[J]. 教育发展研究,2014(19):26-31.

养链条的教育体系;另一方面,职业教育本身就是一个涵盖教育、经济、政治、文化等多领域、多部门的复杂系统,是一项系统工程。职业教育的社会属性(社会系统的组成部分)特征揭示了职业教育的发展不能也无法只关注系统内部要素(即由职业院校单独完成),而是必须发挥经济系统(含产业、行业、企业)、政治系统(政府部门、政策支持、部门统筹协调等)、文化系统(企业文化、社会文化、学校文化等的融合)等的功能和作用。

系统的机构化和中心化特征要求职业教育必须建立相关制度和合作机制,并围绕主要目标和中心任务开展工作。系统的层次结构特征提示职业教育必须考虑结构的优化、要素的协同共生以及思考的层次性,如宏观层面(国家统筹协调)、中观层面(校企深度合作)、微观层面(校企协同育人)等,形成可持续发展的"稳态"特征。"稳态"最初为生理学领域的概念,意为机体内环境的一种动态平衡状态,是一种自我调节机制,也是自然生态系统可持续发展的表征。引申到职业教育系统领域,其指的是职业教育系统发展要达到一种不断运动变化又相对稳定的状态,以实现自我革新和可持续发展。

4.1.2 基于系统论的现代职业教育体系

联合国教科文组织指出,系统分析是一个理智的工具,可以用来对现有教育体系进行全面、批判性的研究,并且还可能提出一些用科学计算得出来的新的教育模式。[①] 基于系统论的研究思路和分析方法,剖析中国的职业教育体系,有助于把握整体、分析结构、实现功能。

(1)职业教育系统整体分析与学历资格框架体系

根据系统论观点,职业教育体系是整个教育体系的一个子系统,它与普通教育体系、基础教育体系有着复杂的非线性联系;同时,职业教育系统也是社会

---

① 联合国教科文组织国际教育发展委员会.学会生存——教育世界的今天和明天[M].华东师范大学国际与比较教育研究所,译.北京:教育科学出版社,1996:164.

系统的一部分,它与经济、产业、行业、政治、文化等各类社会系统密切联系,相互影响。因此,职业教育一方面要建立统一完备的学历资格框架体系,这是职业教育体系自我完善的关键,另一方面要建立产教融合体系,这是职业教育可持续发展的关键。

1985 年,中共中央颁布的《中共中央关于教育体制改革的决定》中明确提出,要"逐步建立起一个从初级到高级、行业配套、结构合理又能与普通教育相互沟通的职业技术教育体系",可见国家对职业教育布局已久。2021 年,中共中央办公厅、国务院办公厅印发的《关于推动现代职业教育高质量发展的意见》要求,到 2025 年,职业教育类型特色更加鲜明,现代职业教育体系基本建成,技能型社会建设全面推进。到 2025 年,将建成一个完备的学历资格框架设计,解决学历之间的衔接、学分的认定等问题。

（2）职业教育系统结构分析

从系统结构分析法来看,职业教育系统同样由结构嵌套的更小的系统构成,包括办学体系、学历体系、专业体系、行政管理体系、教师职称体系等,其中办学体系是职业教育体系最重要的子系统。经过多年的发展,我国职业教育办学体系已经逐渐形成"公办院校+民办院校+职业培训"相结合的职业教育办学体系,初步形成了政府统筹管理、行业企业积极举办、社会力量深度参与的多元办学格局。

（3）职业教育系统功能分析

按照系统论的功能分析法指导,构建现代职业教育体系需要确立该体系的功能定位。职业教育的主要功能是解决就业,提高劳动生产率。我国职业教育要高度重视农村居民的职业教育,在未来 20 年中,年轻的农村劳动力仍是中国劳动力的主要来源,农村居民应成为我国职业教育的主要服务对象。以农村居民为服务对象,并不意味着要在农村地区大力发展职业教育,因为农村居民最终要在城镇就业,因此,在城镇大力开展进城务工人员的在职培训工作或者在职教院校扩展进城务工人员继续教育培训势在必行。

4.1.3 我国现代职业教育体系的构建

我国现代职业教育体系的构建走过了漫长的历史发展过程。

1985 年出台的《中共中央关于教育体制改革的决定》中明确提出,要"逐步建立起一个从初级到高级、行业配套、结构合理又能与普通教育相互沟通的职业技术教育体系"。

2010 年 7 月,《国家中长期教育改革和发展规划纲要(2010—2020 年)》提出,到 2020 年,形成适应经济发展方式转变和产业结构调整要求、体现终身教育理念、中等和高等职业教育协调发展的现代职业教育体系,满足人民群众接受职业教育的需求,满足经济社会对高素质劳动者和技能型人才的需要。

2014 年 5 月 2 日,《国务院关于加快发展现代职业教育的决定》(国发〔2014〕19 号)提出,到 2020 年,形成适应发展需求、产教深度融合、中职高职衔接、职业教育与普通教育相互沟通,体现终身教育理念,具有中国特色、世界水平的现代职业教育体系。

2019 年 1 月,国务院印发的《国家职业教育改革实施方案》提出,"职业教育与普通教育是两种不同教育类型,具有同等重要地位""完善高层次应用型人才培养体系。完善学历教育与培训并重的现代职业教育体系,畅通技术技能人才成长渠道。发展以职业需求为导向、以实践能力培养为重点、以产学研用结合为途径的专业学位研究生培养模式,加强专业学位硕士研究生培养"。

经过多年的探索与实施,职业教育走过了规模化发展道路,形成了具有中国特色的职业教育发展模式,基本形成了现代职业教育发展格局。在 2021 年召开的全国职业教育大会上,习近平总书记作出重要指示强调:"稳步发展职业本科教育。"这标志着职业本科教育从政策酝酿、局部试点进入全面实施阶段,一种新的高等教育类型在教育体系中破土而出。

2021 年,中共中央办公厅、国务院办公厅印发的《关于推动现代职业教育高质量发展的意见》要求,"到2025年,职业教育类型特色更加鲜明,现代职业教育体系基本建成,技能型社会建设全面推进""强化职业教育类型特色""巩固职业教育类型定位。因地制宜、统筹推进职业教育与普通教育协调发展""推进不同层次职业教育纵向贯通。大力提升中等职业教育办学质量……推进高等职业教育提质培优,实施好'双高计划',集中力量建设一批高水平高等职业学校和专业。稳步发展职业本科教育,高标准建设职业本科学校和专业,保持职业教育办学方向不变、培养模式不变、特色发展不变。一体化设计职业教育人才培养体系,推动各层次职业教育专业设置、培养目标、课程体系、培养方案衔接,支持在培养周期长、技能要求高的专业领域实施长学制培养。鼓励应用型本科学校开展职业本科教育""促进不同类型教育横向融通"。

2022年,新修订的《中华人民共和国职业教育法》规定,"职业教育是与普通教育具有同等重要地位的教育类型,是国民教育体系和人力资源开发的重要组成部分,是培养多样化人才、传承技术技能、促进就业创业的重要途径""国家大力发展职业教育,推进职业教育改革,提高职业教育质量,增强职业教育适应性,建立健全适应社会主义市场经济和社会发展需要、符合技术技能人才成长规律的职业教育制度体系,为全面建设社会主义现代化国家提供有力人才和技能支撑""国家建立健全适应经济社会发展需要,产教深度融合,职业学校教育和职业培训并重,职业教育与普通教育相互融通,不同层次职业教育有效贯通,服务全民终身学习的现代职业教育体系""高等职业学校教育由专科、本科及以上教育层次的高等职业学校和普通高等学校实施"。至此,我国完成了职业本科教育确立的法理过程,现代职业教育体系的基本框架确立了起来。

现代职业教育体系与普通教育双轨平行、相互融通、具有同等地位,与普通教育相比,职业教育体系具有同等的教育功能性、具有同等的社会重要性、具有同等的体系完整性,这是职业教育类型地位的核心含义。

4.2　职业教育产教融合的生态特征

4.2.1　教育生态学理论

生态(ecology)一词是从希腊语"Oikos"衍生而来,有"栖息地""住所"的意思,是指生物(包括人类在内)与其所处自然环境或社会环境之间的相互依存关系。生态系统(ecosystem)这一概念是由英国植物学家坦斯利(Arthur George Tansley)于 1935 年首先提出的,指的是"一定地域(或空间)内生存的所有生物与环境相互作用的具有能量转换、物质循环代谢和信息传递功能的统一体",其基本点在于强调系统中各因子之间的相互联系、相互作用以及功能上的统一,基本原理是"联系"与"共生"[①]。

20 世纪 70 年代,美国教育家克雷明(Lawrence Arthur Cremin)首次把生态学理论引入教育领域,提出"教育生态学"一词,并系统地探讨了教育生态理论,把教育理解为一个与自然的、社会的、经济的、政治的、文化的生态环境关系密切的,由时间和空间构成的开放而实在的生态系统,主张要根据教育生态学的观点来思考教育问题,并坚持三种思考方式,即全面地思考、联系地思考、公开地思考[②]。

教育生态学作为跨越教育学和生态学两个领域的交叉边缘学科,其主要借鉴这两个学科的研究方法,把教育放在自然环境、社会环境、规范环境中,研究生态环境和各种生态因子与教育的相互关系。基于教育生态学理论构建的教育生态系统有其自身的演化和发展规律,存在教育生态系统结构、功能的平衡与不平衡,在教育生态系统内部和外部也存在相互竞争和协同进化。正因为教

---

① 范国睿.教育生态学[M].北京:人民教育出版社,2000:21-23.
② CREMIN L A. Public education[M]. New York:Basic Books, 1976:52-59.

育生态系统在环境组成、生态因子构成、生态结构、生态功能等方面具有复杂性，所以需要应用系统论、控制论、协同论等复杂科学的原理和方法来研究教育生态问题[①]。

教育的生态结构包括宏观、微观两个侧面。人们最熟悉的教育系统结构为教阶结构，从幼儿园到小学、中学、大学，这种结构本身反映了不同的教育层次，也反映了从简单到复杂、从低级到高级的教育过程，而这种结构与年龄层次密切相关。教育的宏观生态最大的范围是生态圈，其次是世界上以各国家为疆域的大生态系统，这是历来教育研究的重点。对宏观教育生态进行系统分析必须把握好四个环节：生态环境、输入（人力、物力、财力、信息）、转换过程（弹性调控）、输出（人才、成果等）。

教育的微观生态则缩小到学校、教室、设备乃至座位的分布对教学的影响，也包括课程的设置目标、方法、评价等微观系统分析，也缩小到家庭的亲属关系，学校的师生关系、同学关系乃至学生个人的生活空间、心理状态对教育的影响。

教育的生态环境是以教育为中心，对教育的产生、存在和发展起制约和调控作用的多元环境体系。教育生态环境分为三个层次：一是以教育为中心，综合外部自然环境、社会环境和规范环境组成的单个的或复合的教育生态系统（宏观）；二是以单个学校或某一教育层次为中心构成的，反映教育体系内部的相互关系（中观）；三是以学生的个体发展为主线，研究外部环境包括自然、社会和精神因素组成的系统（微观）。此外，教育生态学还考虑教育对象内在的生理和心理环境。

教育的生态功能区别于教育功能，但又与教育功能有重叠。教育生态系统是一种有目的的系统，系统内的生态功能为育才；系统外的生态功能（即对外部

---

① 董平,李艳娥.教育生态学视域下粤港澳大湾区职业教育生态发展探究[J].教育与职业,2019(20)：53-57.

环境的影响功能)主要为其社会功能:传递文化、协助个人社会化、使人们建立共同的价值观等。

4.2.2 职业教育与产教融合

(1)产教融合政策要求

职业教育的开放性、职业性、产业导向性等特征明显,因此职业教育生态相较于普通教育更关注教育的外部环境(社会环境、产业环境),职业教育对产教融合、校企"双元"的要求更为迫切,我国职业教育历来重视深化校企合作、实施产教融合发展。

2013 年 11 月,十八届三中全会《中共中央关于全面深化改革若干重大问题的决定》提出"加快现代职业教育体系建设,深化产教融合、校企合作"。

2015 年 7 月,教育部印发《关于深化职业教育教学改革全面提高人才培养质量的若干意见》,强调"完善产教融合、协同育人机制,创新人才培养模式"。

2017 年 10 月,党的十九大报告再次明确指出"完善职业教育和培训体系,深化产教融合、校企合作"。

2017 年 12 月,《国务院办公厅关于深化产教融合的若干意见》指出,"进入新世纪以来,我国教育事业蓬勃发展,为社会主义现代化建设培养输送了大批高素质人才,为加快发展壮大现代产业体系作出了重大贡献。但同时,受体制机制等多种因素影响,人才培养供给侧和产业需求侧在结构、质量、水平上还不能完全适应,'两张皮'问题仍然存在。深化产教融合,促进教育链、人才链与产业链、创新链有机衔接,是当前推进人力资源供给侧结构性改革的迫切要求,对新形势下全面提高教育质量、扩大就业创业、推进经济转型升级、培育经济发展新动能具有重要意义"。明确就职业教育深化产教融合的总体要求、构建教育和产业统筹融合发展格局、强化企业重要主体作用、推进产教融合人才培养改革、促进产教供需双向对接、完善政策支持体系、组织实施等七个方面提出具体意见,有力推动了产教融合的发展。

2019 年 1 月 24 日,国务院出台《国家职业教育改革实施方案》,共 7 个大条目,20 条要求(被称为职教 20 条),其中关键词"产教融合"出现 10 次、"双元"出现 4 次、"校企"出现 13 次,可见产教融合在实施职业教育改革中的重要性。

2019 年 4 月 4 日,全国深化职业教育改革电视电话会议在京召开,国务院副总理孙春兰作了重要讲话,指出"加快培育产教融合型企业,打造一批高水平实训基地,推动校企深度合作"。

2019 年 7 月 24 日,习近平总书记主持召开中央全面深化改革委员会第九次会议,审议通过《国家产教融合建设试点实施方案,10 月 9 日,经国务院同意,国家发展改革委、教育部等 6 部门印发《国家产教融合建设试点实施方案》,决定"通过 5 年左右的努力,试点布局 50 个左右产教融合型城市,在试点城市及其所在省域内打造一批区域特色鲜明的产教融合型行业,在全国建设培育 1 万家以上的产教融合型企业,建立产教融合型企业制度和组合式激励政策体系""支持高职院校、应用型本科高校、'双一流'建设高校等各类院校积极服务、深度融入区域和产业发展,推进产教融合创新"。

通过上述文件的分析可以看到,国家非常重视职业教育产教融合实施的深度和广度,并对产教融合实施提出了具体要求。

产教融合的概念有多种解读,在我们看来,产教融合是指专业开办院校,在政府政策指导下,瞄准产业生产实际办专业,通过与产业代表性企业深入合作,校企协同培养专业人才,实施专业和产业接轨、课程标准与产业技能和素养需求接轨、实习实训和生产实际接轨等措施,教学团队具备服务本地产业的能力和水平,最终实现产业和专业教育深度对接,产业和专业教育双向服务和支撑的目标。

(2)打造产教融合型企业

我国职业教育"双高"建设和"提质培优"工作正在如火如荼地开展,当前产教融合工作的重点环节包括打造产教融合型企业、发展特色现代学徒制、校企双元开发教材、以技能竞赛提升职业能力、校企合作培养职教师资、打造校企命运共同体等方面的内容。

职业教育是面向职业岗位的教育,是直接对接产业需求和岗位要求的教育。发达国家职业教育在"产教融合"这方面的做法具有一定的借鉴意义。

美国实施"合作职业教育",其工读课程计划主要由企业界与学校合作共同对学生进行职业教育,学生一部分时间在学校学习普通教育课程,另一部分时间在企业做实际工作,学习与工作交替进行。通过学校里的普通教育与企业内的职业教育交替进行,使普教、职教、成教相互渗透贯穿,有效地推进了人才培养。20 世纪 90 年代,美国联邦劳工部颁布了六个试点性行动性计划,加强"合作职业教育",每一个计划都是由学校与企业合作进行,文化教育与职业教育交替进行,使学生普通中学毕业时,就已经做好了进入劳动力市场的各种准备。其目的是一方面使教学更加适于就业,另一方面尽快提高教学质量和劳动者素质。学生入学就填写职业理想登记表,提出毕业后希望干什么,学校的职业指导人员据此对他们进行职业指导。这个计划由职业学校和地方企业共同制订方案,在最后一年,学校的文化学习与企业的职业训练同时进行,并保证毕业后有工作机会。

德国采用"双元制"模式,各类企业和行业组织与学校联手,通过多种形式,广泛开展各层次的技能人才培训,包括带职到高等院校学习、企业内部进修、由劳动总署组织并付费的专项职业技能培训等形式。"双元制"职业技术教育突出了企业与院校的合作,强调以企业技能培训为主,实践与理论紧密结合,坚持以高水平的技术工人培养为目标的职业能力培养模式。技能人才的培养在企业和职业院校两条线上同时进行,以面向企业、面向实践为原则,由产业界参与决定培训的内容和过程,使职业院校的理论教学与企业的实践紧密结合。双元制职业教育形式下的学生大部分时间在企业进行实践操作技能培训,按照企业对人才的要求组织教学和岗位培训,而且所接受的是企业目前使用的设备和技术,培训在很大程度上是以生产性劳动的方式进行,从而减少了费用并提高了学习的目的性,这样有利于学生在培训结束后随即投入工作。学生在特定的工作环境中学习,使得学生和企业有了更多的交流机会,大大降低了培训后失业的风险,对于提高学生毕业后的就业率大有裨益。

新加坡采用教学工厂模式。新加坡强调超前的职业教育,使之与世界经济技术发展保持同步。将实际的工厂环境带入教学环境之中,并将两者融合在一起,学生在三年的学习中,犹如处在一个大企业的各个部门,既接受完整有效的理论知识的教育,又接受来自于"教学工厂"行之有效的实践技能培训。新加坡职业教育训练的目标是:学生在工作的第一个星期内就要为企业创造效益。职业教育不仅是新加坡教育的主体,也成为新加坡经济的支柱。

可见,发达国家在校企合作开展职业教育方面,均根据自己国情开发了一套体制机制,其核心是促进校企合作、推动职业教育支撑国内经济社会发展。

我国历来重视产教融合、校企合作在推动职业教育发展中的作用。教育部等九部门于 2020 年 9 月 16 日发布的《关于印发〈职业教育提质培优行动计划(2020—2023 年)〉的通知》(教职成〔2020〕7 号)文件中,更是以"总体要求"的一个大条目专门强调"深化职业教育产教融合、校企合作",全文"产教融合"关键词足足 16 个。强调"遴选建设一批产教融合型城市,推动试点城市建设开放型、共享型、智慧型实训基地""培育数以万计的产教融合型企业,建立覆盖主要专业领域的教师企业实践流动站,依托国有企业、大型民企建立 1 000 个左右示范性流动站""推动建设 300 个左右具有辐射引领作用的高水平专业化产教融合实训基地""支持行业组织积极参与产教融合建设试点项目""推动各地建立健全省级产教融合型企业认证制度,落实'金融+财政+土地+信用'的组合式激励政策"。《中华人民共和国职业教育法》第二十七条明确规定,对深度参与产教融合、校企合作,在提升技术技能人才培养质量、促进就业中发挥重要主体作用的企业,按照规定给予奖励;对符合条件认定为产教融合型企业的,按照规定给予金融、财政、土地等支持,落实教育费附加、地方教育附加减免及其他税费优惠。

校企共建,打造产教融合型企业、产教融合实训基地,是促进职业教育"提质培优"的重要抓手,是当前和今后一段时间的工作重点,将有力推动我国职业教育的高质量发展。

(3)发展特色现代学徒制

现代学徒制是教育部于 2014 年提出的,旨在深化产教融合、校企合作,进一步完善校企合作育人机制,创新技术技能人才培养模式,是深化校企合作协同育人模式改革的重要尝试,也是中国特色职业教育发展的一大亮点。

现代学徒制是通过学校、企业深度合作,教师、师傅联合传授,对学生以技能培养为主的现代人才培养模式。与普通大专班和以往的订单班、冠名班的人才培养模式不同,现代学徒制更加注重技能的传承,由校企共同主导人才培养,设立规范化的企业课程标准、考核方案等,体现了校企合作的深度融合。

现代学徒制有利于促进行业、企业参与职业教育人才培养全过程,实现专业设置与产业需求对接,课程内容与职业标准对接,教学过程与生产过程对接,毕业证书与职业资格证书对接,职业教育与终身学习对接,提高人才培养质量和针对性。

《中华人民共和国职业教育法》规定,国家推行中国特色学徒制,引导企业按照岗位总量的一定比例设立学徒岗位,鼓励和支持有技术技能人才培养能力的企业特别是产教融合型企业与职业学校、职业培训机构开展合作,对新招用职工、在岗职工和转岗职工进行学徒培训,或者与职业学校联合招收学生,以工学结合的方式进行学徒培养。有关企业可以按照规定享受补贴。同时规定,企业与职业学校联合招收学生,以工学结合的方式进行学徒培养的,应当签订学徒培养协议。

(4)产教融合开发教材

职业教育专业课程教材,是融合企业用人元素与学校育人元素的直接载体,因此校企产教融合、"双元"合作开发教材是职教教材编写的普遍共识和基本要求。

2019 年 1 月，国务院颁布的《国家职业教育改革实施方案》明确指出，"建设一大批校企'双元'合作开发的国家规划教材，倡导使用新型活页式、工作手册式教材并配套开发信息化资源。每 3 年修订 1 次教材，其中专业教材随信息技术发展和产业升级情况及时动态更新"。2020 年 1 月，教育部印发的《职业院校教材管理办法》从国家层面对职业教育教材建设进行了整体规划，明确提出"倡导开发活页式、工作手册式新形态教材"。《职业教育提质培优行动计划(2020—2023 年)》中重点任务强调"推动习近平新时代中国特色社会主义思想进教材进课堂进头脑"，并在"(七)实施职业教育'三教'改革攻坚行动"中就"加强职业教育教材建设"以四百余字的篇幅，对教材规划、编写、审核、选用使用、评价监管机制等各方面作出了具体要求。可见，党和国家对职业教育教材建设非常重视。

《中华人民共和国职业教育法》第三十一条规定，国家鼓励行业组织、企业等参与职业教育专业教材开发，将新技术、新工艺、新理念纳入职业学校教材，并可以通过活页式教材等多种方式进行动态更新；支持运用信息技术和其他现代化教学方式，开发职业教育网络课程等学习资源，创新教学方式和学校管理方式，推动职业教育信息化建设与融合应用。

然而长期以来，由于校企合作教材开发机制不健全，难以真正实现共同开发，导致不少高职教材仍未紧跟产业发展，在电子信息技术产业迅猛发展的背景下，教材内容常常无法做到"与时俱进"，与产业发展脱节；部分高职教材内容仅限于知识与技术的罗列，未按照"教、学、做"一体化要求有机组织，教材内容不系统，结构逻辑不清晰；此外，一部分高职专业教材只重视专业知识和技能，忽略了育人功能的完善，思政育人体现不足，严重影响"三全育人"目标达成。

因此，校企双元开发教材也是当前和未来产教融合工作的要点之一。

(5)校企"匠师"进课堂

职业教育与产教融合的一个重要体现是校企工匠导师共同参与职业教育

人才培养,共同培育高素质技术技能型人才、能工巧匠、大国工匠。

《国家职业教育改革实施方案》《职业教育提质培优行动计划(2020—2023年)》等文件都要求"深入开展'大国工匠进校园''劳模进校园''优秀职校生校园分享'等活动",宣传展示大国工匠、能工巧匠和高素质劳动者的事迹和形象,培育和传承好工匠精神。

《中华人民共和国职业教育法》第四十五条规定,国家建立健全职业教育教师培养培训体系。各级人民政府应当采取措施,加强职业教育教师专业化培养培训,鼓励设立专门的职业教育师范院校,支持高等学校设立相关专业,培养职业教育教师;鼓励行业组织、企业共同参与职业教育教师培养培训。产教融合型企业、规模以上企业应当安排一定比例的岗位,接纳职业学校、职业培训机构教师实践。

第四十七条规定,国家鼓励职业学校聘请技能大师、劳动模范、能工巧匠、非物质文化遗产代表性传承人等高技能人才,通过担任专职或者兼职专业课教师、设立工作室等方式,参与人才培养、技术开发、技能传承等工作。

(6)构建校企命运共同体

随着我国经济结构转型升级,对高素质技术技能型人才的需求日益增加,职业教育应进一步开放人才培养理念,学校应与企业相互融合,共同成为职业教育的主办者和实践者。职业院校要长足发展,必须主动与企业寻求合作,确保人才培养紧跟产业发展;企业为获得所需的技能型人才,也必须在校企合作中从被动转为主动,主动参与到人才培养规划中去。构建校企命运共同体就是将高职院校和企业作为人才培养的"双主体"育人主体,促进校企双方工作实践创新,共同承担"协同育人""服务经济社会发展"的责任与使命。校企双方应深化产教融合,基于人才培养、师资培养、技术创新、社会服务等共同目标,形成"你中有我、我中有你"的全新合作关系,实现从浅层次的"合约式"合作转变为有着共同利益诉求和价值共识的"命运共同体"合作模式。

共同体的概念从广义上来讲,指的是基于共同的目标与身份认同而组成的群体。作为新时代职业教育发展的必然选择,校企命运共同体具有其特定的构成要素,指的是职业院校和企业朝着共同的目标,基于共同的利益需求和价值标准,合作开展职业教育,形成命运与共的结合体。一般至少从三个方面实现"命运与共"。第一,利益共享。利益相关者理论认为,一个群体或组织必须要考虑且满足各方需求才能长久地生存并发展。在校企命运共同体中,校企双方的利益是维系合作的核心,这种利益是多元性、多维度的,是可以相互兼容和统一的;校企双方通过共同的职业教育活动相互依赖、利益共享从而共赢,达到"利益最大化"。校企双方的利益诉求基础性是一致的,但表现形式是不同的。职业院校的根本性质是教育主体,根本任务是培养符合社会发展的高技能型人才,追求的是社会效益最大化;企业的根本性质是市场主体,主要承担的是经济活动,其利益取向是经济效益最大化。校企命运共同体要在双方的利益诉求中找到最佳交集点。校企双方要充分发挥各自所拥有的多方资源优势,如院校的科研资源以及企业的设备、资金等资源,创造利益最大化的条件。院校与企业合作输送企业所需的符合社会经济发展的技术人才,提高企业的生存能力与竞争力,企业向院校提供资金与设备支持,与院校共同制订人才培养方案,增强院校的科研能力与人才培养质量,如此形成良性循环,源源不断地推动校企深度合作。第二,价值共识。院校与企业通过共同的认知和文化融合最终达成共同的价值取向是校企命运共同体的重要保障。校企双方要基于"社会主义核心价值观"来共同构造价值共识,主要表现在两个方面:育人价值观共识与文化共识。育人价值观共识指的是在共同体中,任何的利益共享都是首先基于"合作育人"的目标,院校和企业都要以培养高素质技能人才为导向,坚持"协同育人",院校培养人才重在"教育性",企业培养人才重在"职业性",要将这两者辩证有机融为一体。文化共识强调要将校园文化与企业文化进行高度融合,在实践中实现教育价值的共识。第三,目标一致。校企命运共同体的标志性因素在于内部的个体之间的紧密联系,个体之间存在不可替代的关联。随着我国产业结构的不断升级,企业对高素质技能型人才的需求日益紧迫,而职业教育需要通过校企的深度合作,提高人才培养的适应性;校企双方要将职业教育活动及人才培养机制内化成为一个整体,推进职业教育的内涵与外延式发展。院校与企业需要通过构建命运共同体实现双主体的命运与共,促进职业教育与社会需求同步协调发展。

在校企命运共同体的构建中,高职院校的目标是要深化产教融合办学体制改革,推进工学结合、德技并修的育人机制改革,打造高素质技术技能人才、能工巧匠、大国工匠的人才培养高地。企业的目标是要改革创新、追求卓越、提高核心竞争力,实现企业发展、做大做强。校企命运共同体的构筑,需要校企双方从价值理念、实践创新、文化认同、制度保障等方面着手,构建全方位的合作,避免"面和心不和"。

1)构建价值理念共同体

高职院校与企业应探索利益层次之外的合作点与相融点,高职院校的内在使命是以专业和相应的地方产业优势为依托,培养符合社会经济发展需求的专门技术人才;企业的社会责任是要推动社会经济发展,实现自身价值增长和社会认同。两者都离不开高素质技术技能人才的培养和技术的研发,院校的人才、科研优势与企业的设备、资金优势要互为结合,形成优势链条。高职院校与企业要认同对方的使命与责任,内化于自身的价值观与理念,形成共同的价值取向、发展理念。

2)构建实践创新共同体

实现专业与产业在实践创新中相互融合:高职院校要培养与社会、市场发展相适应的技术人才,在遵循教育发展规律的同时要积极顺应产业的调整需求,不断与专业实际相结合,坚持服务社会经济产业发展,以产业为依托调整专业设置。实现专业教师与企业专家在实践创新中相融合:专业教师具有丰富的理论教学知识与能力,但对于企业的生产环节与实际运行可能缺乏必要的了解与掌握,对社会结构调整下专业技能的需求可能了解不及时,从一定程度上导致教学思路与方法不能与时俱进,应鼓励专业教师到企业接受实地参观、学习、培训;同时,要引进企业的专家、能工巧匠将一线的生产技术、管理经验带入校园。实现实训基地与企业运营在实践创新中相融合:发挥高职院校的人才优势和技术力量,积极吸引企业参与实训基地共建共管,由政府利用财政资金安排实训基地,面向职业院校学生提供实习实训场所,面向企业工人提供技能提升培训,面向社会人员开展就业创业培训,并且可以进行技能鉴定和科研成果转化为一体,使基地的各项功能有机统一起来。实现科研成果与技术产出在实践创新中相融合:高职院校要深入了解企业的技术需求,跟踪科技前沿,进行企业实地调研,调整研究方向,找到更好的结合点与产出点:以企业技术创新需求为导向,以合作或共建项目为载体,构筑产学研用相结合的创新研发平台,在不断的合作磨合中,让科研成果找到立足点。

3)构建文化认知共同体

校园文化与企业文化认知相融合。校园文化是一种以校风、教风、学风建设为核心的教育文化,其目的是形成浓厚的学术氛围、科学的人文精神,促进学校的全面、可持续发展。企业文化是一种经营文化,主要体现在企业独特的管理风格和特色、员工的文化素养及社会形象等方面,为企业创造效益最大化提供软实力的同时实现企业为社会提供技术服务的目标。高职院校要将企业的文化元素引入校园,注重理论与实践相结合,培养学生的职业精神与技术技能。注意汲取优秀企业的管理经验和文化内容,要以培养学生的"职业性"与"技能型"为目标,建立健全校规校纪等管理制度,让学生在教育实践中真正融入企业文化氛围,并规范自身的行为。将工匠精神融入课程思政教育,使高职院校学生具备基础知识理论储备的同时,要注重执着专注、精益求精的工匠精神的培养,这也是一种极其重要的人力资本,加强劳动精神、劳模精神、工匠精神的培养,强调爱岗敬业、艰苦奋斗、甘于奉献、辛勤劳动,更好地提高技能人才的内驱力,激发劳动热情,厚植工匠精神。

4)构建制度保障共同体

由政府部门对校企合作过程中高职院校和企业的权利、义务进行规范和确定,同时提供相应的法律指导与调节,在税收、土地、资金等方面给予企业优惠政策,鼓励企业参与职业教育发展。充分发挥政府、行业组织"统筹、协调、组织、推进"作用,本着"优势互补、资源共享、校企融合、共同发展"的基本原则,要着力加强制度保障,让学校更好地发挥自身科研和人才优势,企业更好地发挥资源优势和市场优势合力,双方打造校企合作优化环境,发挥制度保障作用,持续以务实举措推动校企合作环境不断优化。要着力加强资源整合,促进合作成果便利共享,在相关领域加强合作,丰富共享内容,优化共享机制。

4.2.3　职业教育产教融合的生态特征

生物生态系统理论扩展应用于人类社会各应用领域,都有其实际意义,在产教融合中应用生态系统理论,有助于厘清职业院校与政府、行业、产业、企业、家庭、学生等众多参与主体的关系,帮助解决职业教育发展过程中的外部环境问题。

将教育生态学理论应用于职业教育产教融合领域,可以发现职业教育产教融合生态特征。一方面,职业教育本身需要政府、行业、企业、学校等多方参与,确保专业建设和人才培养满足产业发展对技术技能人才能力的要求;另一方面,产教融合是一项政府、行业组织、企业、职业院校、学生、家长、社会力量等众多主体协同参与的综合性的社会工程,是教育系统与产业系统的多种要素共同参与而构成的动态结构系统,与生态系统多元要素、复杂开放的基本特征十分契合。

在产教融合推进实施过程中,产教融合生态系统中各要素发挥各自职能,共同推动系统的平稳、可持续发展。其中,政府发挥顶层设计、统筹协调和监督管理职能,为各方主体的深入合作提供财政支撑,维护良好的发展环境与秩序;学校发挥人才培养和社会服务的职能,推进教育教学改革,提高输出产品即人才的培养质量,同时发挥智力资源优势,服务于企业及区域经济发展;行业协会发挥指导协调、咨询和服务的职能,提供校企合作渠道,协调产教融合进程中的相关事务,促进各方优质资源共享,同时扩大自身影响,实现资源优化配置;企业发挥促进经济发展作用,与学校共同承担育人主体职能,为职业教育人才培养提供实践教学资源,积极参与职业院校人才培养体系的优化,同时接收优质人才,提高企业生产效率。在共同推进产教融合的实施过程中,实现共赢互利、持续发展。

生态系统中常见的"弱肉强食"竞争现象仍然持续,这是生态系统自由性的体现。从全国或区域职业教育产教融合领域宏观层面来看,产教融合中聚集了众多的相互依存、相互协作的学校、企业,有各种各样服务型组织,有各类配套及相关产业的专业人员队伍,不同行业、不同产业链条上的企业,不同层次、不同形态的职业院校,不同层级的政府等种群一起组成相互依赖、共同演进的产教融合生态网络,相互之间必然存在竞争关系。从个别院校的微观层面来看,与之合作的企业之间也存在竞争,学校与其他学校之间同样存在竞争。整个生态系统中"生态网"越复杂,抗外干扰能力也越强,生态系统内各主体的竞争关系是良性的,各主体对自身进行更精确的定位和进化(发展),以适应这一充满生机同时又危机四伏的生态系统。从生态系统视角考虑职业教育深化产教融合的发展,既是职业教育在发展视角方面的转换,也是职业教育发展观的创新。职业教育各利益相关者建立一个共同的价值平台,营造形成动态发展变化的生态环境,各主体关注自身利益的同时注重其所在平台的整体发展,通过平台撬动其他参与主体的能力,协同创造系统最大价值,进而从中分享利益。在产教融合生态系统中,避免利益主体追求短期的狭隘目标、各自为战,而是相互支撑共生,形成一个完整闭环,提升整个系统的核心竞争力,实现可持续发展目标,形成和谐共生、良性循环的状态,进而做大规模、做深产业,促进整个经济社会发展。

4.3　职业教育生态学理论

4.3.1　职业教育生态系统构建

职业教育生态系统构建是基于教育生态学理论,把职业教育放在自然环境、社会环境、产业环境、经济环境、规范环境中,研究生态系统中各种生态因子与职业教育的相互关系。职业教育生态系统有其自身的演化和发展规律,存在职业教育生态系统结构、功能的动态变化和发展,其内部和外部也存在相互竞争和协同进化。

职业教育生态系统是一个由大量创新主体构成的复杂系统,包含教育系统、产业系统、服务系统等子系统,学校、企业、行业组织、政府部门、家庭、学生、教师等主体要素,下面对其要素和结构进行具体分析。

(1)职业教育生态系统主体要素

结合生态学中的相关定义,职业教育生态系统中的主体要素按照各自的地位作用可以分为领导种群、关键种群、支持种群和寄生种群四类[①]。

1)领导种群

职业教育生态系统内部相关政府部门、领军型职业院校和行业龙头骨干企业,创建系统并负责系统的运行和组织。领军型职业院校往往是所在区域或领域、行业内同类院校中的佼佼者、引领者,具有资源优势和规则制定能力,如"双高计划"建设院校。行业龙头骨干企业一般是业内领军企业,实力相对较强,且具有高度的社会责任感和强烈的产教融合意识,同时具有较强的技术优势和管理经验,如产教融合型企业。

---

① 田真平,高鹏.论职业教育产教融合生态系统的共生演化与治理机制[J].职业教育研究,2021(4):4-10.

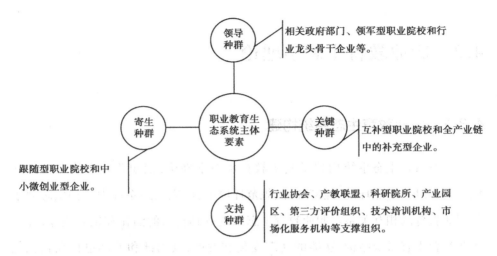

职业教育生态系统中的主体要素

2）关键种群

职业教育生态系统内,互补型职业院校和全产业链中的补充型企业,起到完善系统并促进系统结构优化的作用。互补型职业院校与领军型职业院校在层次布局、区域布局、专业布局等方面互为补充,丰富了职业教育生态的培养链条,提升职业教育的广度和深度;全产业链中的补充型企业瞄准产业链的关键环节、薄弱之处,发挥"建链、补链、强链、长链"的作用,打造体系完整的全产业链,进而优化职业教育生态系统结构。

3）支持种群

支持种群是职业教育生态系统内的行业协会、产教联盟、科研院所、产业园区、第三方评价组织、技术培训机构、市场化服务机构等支撑组织,它们为职业教育生态系统提供必不可少的基础性服务,是职业教育生态系统的有益补充和可靠支持。

4）寄生种群

寄生种群是职业教育生态系统内的跟随型职业院校和中小微创业型企业,将会在职业教育生态系统内抓住发展机遇,发展壮大自身、增强实力而不断"寻优"进化。该类种群一般规模较小、实力较弱,没有独立开展产教融合的能力,需要在合适的生态系统中孵化成长。

（2）职业教育生态系统结构

随着我国职业教育实现规模化发展到提质培优的转变,已经形成具有中国特色的职业教育体系,职业教育生态系统已经基本完成构建,并在随着外部环境变化、资源优化配置而不断取得新的动态平衡。职业教育生态系统外部会受到政治环境、经济环境、社会环境、文化环境、教育环境等环境影响,其内部包含学校系统、产业系统、产教融合系统、培训系统、服务系统等子系统。

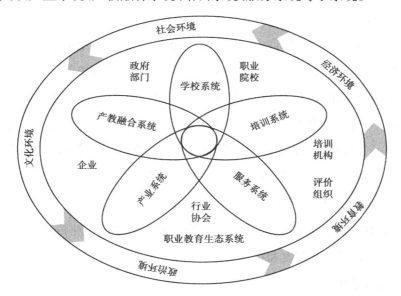

职业教育生态系统模型

1）学校系统（或称职业院校系统）

此子系统构成了职业教育生态系统结构中的主体,包括领军型职业院校、关键种群中的互补型职业院校和寄生种群中的跟随型职业院校,同时包含院校主办单位、政府管理部门、政府决策部门等,这一子系统的形成取决于各合作主体的参与和互动。从宏观上来说,首先,领军型职业院校在政府部门政策动力引导下,在提升人才培养质量的内生动力推动下,构筑中专、大专、本科、研究生等完整的人才培养体系;其次,领军型职业院校引领与其资源互补的互补型职业院校进入子系统,丰富物种类型和数量,提升职业院校系统人才供给能力;最后,跟随型职业院校主动加入生态系统,分享差异化共生资源,由此提升职业院校系统产教融合覆盖的广度。从微观上来说,职业院校系统中的院校个体,结合自身优势、区域优势、发展定位等,开展学校、院系、专业建设,探索职业教育"三教"改革,提升育人质量;与行业、企业、院所等机构合作,作为主体参与到产教融合,完善和发展产教融合生态子系统;作为产业系统、培训系统、服务系统等子系统的参与主体要素,实现动态交互,促进自身发展和"进化"。

2) 产业系统

此子系统包括领导种群中的行业龙头企业、关键种群中的全产业链补充型企业和寄生种群中的中小微创业型企业,同时也包括政府监管和主导部门。这一子系统的形成取决于各合作主体的需求满足程度。首先,行业龙头企业在政府部门外生政策动力引导下,以及对高素质创新型人才需求的内生动力推动下,与领军型职业院校合作创建产教融合生态系统;其次,随着产教融合的深入开展,行业龙头企业逐渐转变为产教融合型企业,并引领产业链中的补充型企业进入产业子系统,从而构建全产业链,丰富产教融合的层次和类型;最后,中小微创业型企业主动加入生态系统,共享创新资源,不断孵化成长,由此提升产业子系统的物种丰富程度和物种质量。

3) 服务系统

此子系统包括支撑种群中的行业协会、科研院所、产业园区、第三方评价组织、市场化服务机构、信息服务平台等,这一子系统为职业教育生态系统的有序运行提供了必不可少的支撑环境。其中,行业协会、科研院所和产业园区等提供了行业转型升级需求、专业建设发展、新兴技术研发、全产业链构建等方面的载体保障;第三方评价组织、市场化服务机构、信息服务平台等提供了公平评价、产教融合市场化服务、信息共享、资源匹配等方面的创新服务。

4) 培训系统

《中华人民共和国职业教育法》开宗明义,"本法所称职业教育,是指为了培养高素质技术技能人才,使受教育者具备从事某种职业或者实现职业发展所需要的职业道德、科学文化与专业知识、技术技能等职业综合素质和行动能力而实施的教育,包括职业学校教育和职业培训""职业培训包括就业前培训、在职培训、再就业培训及其他职业性培训,可以根据实际情况分级分类实施。职业培训可以由相应的职业培训机构、职业学校实施。其他学校或者教育机构以及企业、社会组织可以根据办学能力、社会需求,依法开展面向社会的、多种形式的职业培训""国家鼓励、指导、支持企业和其他社会力量依法举办职业学校、职业培训机构""职业学校、职业培训机构实施职业教育应当注重产教融合,实行校企合作。职业学校、职业培训机构可以通过与行业组织、企业、事业单位等共同举办职业教育机构、组建职业教育集团、开展订单培养等多种形式进行合作"。

因此,职业培训是职业教育的重要组成部分,培训系统是职业教育生态系统的子系统。此子系统包括市场上所有社会培训、技术培训机构,它们提供必要的职业培训、技术培训、岗前培训等,为社会人员提供一种学校之外的职业教育补充,丰富和完善了职业教育生态系统。随着职业教育深化发展,进城务工人员、下岗工人、退伍军人等人员继续教育板块完善,培训系统将更多地融入学校系统中。

5)产教融合系统

此子系统包括所有参与职业教育的种群,如职业院校、行业协会、各类企业、科研院所、产业园区、第三方评价组织、市场化服务机构、培训机构、信息服务平台等,职业教育产教融合生态系统打破了职业院校和企业之间简单、封闭的校企合作方式,形成了由学校系统和产业系统双主体驱动的生态体系。学校系统为产业系统提供其所需的人才、技术成果等,满足产业需求;产业系统将人才与产业发展的适配性结果反馈给学校系统,促其调整改进;服务系统为产教双方合作提供良好的保障条件和创新服务;培训系统为职业教育生态系统提供必要的学校系统之外的技术培训补充。

五个子系统之间,以及各子系统内部的有序合作与互动,最终形成稳定且不断共生演化的职业教育生态系统。

4.3.2 职业教育生态系统特征

职业教育生态系统主要具有开放共享性、共生共长性和动态平衡性三个特征。

(1)开放共享性

职业教育生态系统是一个开放的系统,具有相同价值观的各主体间、与外界环境间不断进行着物质、能量、信息的交互,根据环境变化不断调整。职业教育生态系统的开放共享性也使得各类要素最大限度汇集,服务于整体生态。生态系统内各主体间信息共享、资源互通,以保障系统持续发展。就信息共享而言,职业教育生态系统意味着市场信息、政策信息、教育信息和社会文化信息的交汇融通,建立在校企、校校命运共同体机制基础上的信息共享,使得信息流的价值和协调交换效率大大提升。就资源互通而言,意味着系统内人力、物力、财力资源的汇聚与交换,各类要素资源被职业教育生态系统中的主体共同享有,不仅可以均衡资源分布,还可以节约合作成本。此外,生态系统内成员并不是固定的,对外吸纳认同职业教育生态系统价值观的优质单体,对内淘汰不符合发展要求的成员。职业院校可以是独立的,也能够联合发展,企业可以随时加入,也可以选择退出,职业院校学生、教师和企业技术人员本身也是流动的,非强制性的管理模式利于实现系统的柔性调节。

(2)共生共长性

整体性是职业教育生态系统的组织保障,职业教育生态系统内各要素利益共享、风险共担。各利益相关主体间信息互通、资源共享,共同参与人才培养,并形成完备的共生互利机制,每个参与者最大化自身能力,推动系统整体向好,达到区域能发展、政府有政绩、学校出人才和企业获效益的多方共赢的局面。

但同时,可能出现的如经济风险、社会风险、技术风险等各种风险,也由各主体共同承担,协同一致、沟通协调可以增加生态的灵活性,使职业教育生态系统面临挑战时具备自愈及抗风险能力。职业教育生态系统是一个整体,是多维度、立体化的生态循环体系统,各主体间及与内外部环境间相互依赖,共同维护整体利益,提高整体抗风险能力,实现效益最大化。

职业教育生态系统中各主体都具有各自的生态位,为系统正常运作提供多样化资源,既相互竞争又开展合作。职业院校主体为系统提供课程、师资、教学设施、实训基地、技术成果、人才等资源,同一区域或行业内的职业院校由于资源同质化必然会相互竞争,在竞争中逐渐找到差异,在人才培养模式、技能实训模式、专业设置等方面形成异质性资源供给,打造特色,优势互补,资源共享,在竞争合作过程中共生演化、提升水平。企业主体为系统提供实训场地、真实产品、新兴技术、管理经验等资源,提供同质化产品或服务的企业之间必然会展开竞争,这种竞争随着时间和空间的交错、产业链的延伸、社会分工的细化而逐渐淡化,并形成互补性资源进而促成企业之间的合作,企业主体在互补性资源支撑下凸显各自的核心竞争优势,在竞争合作过程中共生演化、转型升级。因此,职业教育生态系统中各合作主体应找准自己的生态位,规避恶性竞争,开发最大化异质性共生资源。

(3)动态平衡性

从生态系统的角度来讲,"稳态"生态系统是一个动态系统,要经历从不成熟到成熟的发育过程,成熟状态即系统的稳态。职业教育生态系统内主体间相互依存又相互竞争,在持续的变化发展中形成动态平衡,各同类主体间存在竞争关系:企业竞争以获得高质量人才,学校竞争以获得内涵式发展,学生竞争以成长为更好的自我,教师和企业员工竞争以获得向上的空间,有序的竞争会导致可控的混乱与不稳定,有利于生态系统持续向上发展,螺旋式前进。此外,职业教育生态系统具有自我调节能力,可以实现规模调整和结构优化。政府部门的干预、行业组织的预测指导、自身管理机构的理性思考都是职业教育生态系统自我调节的有力助手,根据经济发展势态决定扩张规模或者进行结构优化,以此保证系统的稳态,结构和功能的相对稳定会吸引更多资源,进一步增强系统活力。

4.3.3 职业教育生态系统功能

(1)推动职业教育高质量发展

我国职业教育已经由规模化发展进入质量提升阶段,"提质培优""内涵式发展"已经成为大多数职业院校的发展方向。随着我国经济发展进入"新常态",职业教育进入内涵式发展的新阶段,创新育人模式、提高育人质量、优化育人结构已经成为职业教育在新时代的发展必然。构建职业教育生态系统能够有效支撑职业教育实现提质培优。一方面,构建职业教育生态系统有利于创新育人模式,打破我国的职业教育以往由学校主导的单一育人模式,创新职业教育政府、行业、企业、职业院校联合育人新模式;另一方面,职业教育生态系统中,各主体相互作用、相互支持,从学校人才培养方案的制定、专业设置、课程教学到师资队伍建设、实习实训和教学资源投入,政行企校全程参与,沟通协调,全方位培养,有利于职业教育提升育人质量;最后,职业教育生态系统能够有效强化职业教育系统与行业产业系统之间的联系,及时了解社会经济发展对人才能力、人才规格的要求,及时调整以增强职业教育毕业生的适应性和适切性,为职业教育优化育人结构提供了契机,切实发挥职业教育在应用型人才培养及促进区域经济发展上的作用。

(2)助力 1+X 证书制度的实施

国务院发布的《国家职业教育改革实施方案》(职教 20 条),提出"深化复合型技术技能人才培养模式改革,借鉴国际职业教育培训普遍做法,制订工作方案和具体管理办法,启动 1+X 证书制度(即'学历证书+若干职业技能等级证书'制度)试点工作",鼓励支持职业院校学生获得学历证书的同时,取得若干职业技能等级证书。"1"代表的学历证书凸显教育功能,是职业教育的重要基石,起着夯实学生可持续发展基础的作用,通过学习和训练,让学生具备基本的文化基础、可持续学习与发展的意识和能力。"X"所代表的若干职业技能等级证书凸显职业功能,根植在"1"所代表的学历教育基础之上,是学历证书的"补充、强化和拓展",起着提升学习者就业创业本领的作用,注重学生出于兴趣爱好或职业选择所需的技术技能的培养,"1+X"这个组合具有无限可能性。而构建职业教育生态系统为实现1+X证书制度提供了路径。

首先,构建职业教育生态系统为1+X证书制度的实施提供了方法论。1+X证书制度连接理论与实践,连接现在与未来,连接职业教育与劳动力市场。职业教育生态系统将产业系统、学校系统、产教融合系统纳入整体生态系统中,用开放共享性、动态平衡性、共生共长性等原则理解职业教育育人工作,为顺利推进1+X证书制度的实施提供了理论指导及实践方法。其次,构建职业教育生态系统为1+X证书制度的实施创造了条件。1+X证书制度绝不是教育部门一家所能完成的,职业教育的发展需要多方力量共同参与,政府部门、行业、企业、院校和研究机构等多元主体,在明确组织分工基础上协同共建。构建职业教育生态系统,能结合政府、行业、企业、职业院校、社会评价组织等各方力量,让职业教育形式更开放、主体更多元、与产业发展对接更紧密,通过强化多元育人主体的协同交互,为1+X证书制度创造更加有利的外部条件。

(3)促进区域经济平稳健康发展

职业教育的发展与区域经济的发展相互依存,职业教育的发展需要区域经济的支持,高校适应区域经济发展是职业教育的责任和义务。职业院校往往要以用人需求为导向,以本区域经济发展状况和产业结构为依据,确定办学理念和方向,合理调整专业、设置专业,制定人才培养目标,培养对接产业企业岗位需求的、高素质的技术技能型人才,参与产业开发,助力区域经济健康持续发展。目前,国家从战略发展的高度强调了技术技能型人才培养对于我国经济建设的重要性。而职业教育生态系统鼓励职业教育结合地方经济特色开办特色院校,契合地方经济结构拓展调整专业建设,匹配产业结构建设新专业和特色专业。在教育过程中,与行业协会、企业沟通交流,将理论教学与岗位生产实践有机结合,采用基于工作过程的项目化教学、学徒式教学、职业体验教学等模式,帮助学生了解企业产品生产流程及行业技术发展趋势,以产业、企业实际需求为导向培养人才。因此,构建职业教育生态系统是促进区域产业经济发展的有效措施和有力保障。

第5章　职业教育协同培养生态论

当前,伴随着自然、社会与教育生态危机的不断出现,协同学和生态学的地位与作用也日渐彰显。大家从来没有像今天这样关注过生态系统性问题,这是人们付出沉重代价后的清醒选择。可以说,当生态学发展到多元主体相互协同作用的阶段,围绕某个共同目标主题联动时,协同生态理论已经具有了哲学的属性和形态,已经形成了人们认识世界的理论视野、思维方式和行动特征,具备了世界观、道德观、价值观和方法论的性质。生态系统范式将成为开拓视野看教育的新范式,它更贴近职业教育本身的属性和特质。

5.1　职业教育协同培养生态论的内涵与概念

5.1.1　协同培养生态理论机理

1996 年,刘纯娇所写的《学校家庭协同教育构想》一文中,首次将协同理论移植于教育领域,就是要探索教育系统(特指由学校教育、家庭教育、社会教育构成的教育系统)中的两个主要子系统,即学校教育系统与家庭教育系统怎样发挥其各自的自组织能力,在一定条件下形成合作、协同、同步、互补的"协同效应"。然而,该协同理论主要适用于基础教育,应用于职业教育和普通高等教育则显得明显不足,主要原因是职业教育和普通高等教育有较强的社会属性。

　　职业教育是跨越教育学、协同学和生态学三个领域的一门新的交叉边缘学科。其中,教育生态学主要借鉴教育学和生态学两个学科的研究方法,把教育放在自然环境、社会环境、规范环境中,研究这三种生态环境和人的生理、心理环境的各种生态因子与教育的相互关系。教育生态学还揭示了教育的生态结构、教育的生态功能、教育的生态原理、教育生态的规律、教育的行为生态、教育生态的演替、教育生态的检测与评估等方面的内容,并与教育学和生态学的其他分支学科有着内容上和方法上的交叉和联系,起着相辅相成、相互促进的作用。

　　此外,职业教育作为跨界教育,它涉及社会、经济、政治、文化等多领域,需要学校、政府、行业、企业等多个利益相关者协同工作,构建一种多元协同的职业教育生态系统,在政府主导、学校主体、行业和企业的积极参与下,形成职业教育特色的协作共同体育人机制。

5.1.2　职业教育协同培养生态论的概念

　　所谓职业教育协同培养生态论,是指把职业教育涉及的多元利益相关者调动起来,各方以培养产业所需的高素质技术技能人才为宗旨,各司其职、协调联动,把教育元素、产业元素和其他社会元素充分融合,形成职业教育新型的生态协同系统,为职业教育人才培养服务,是一种协同共生型组织生态。

　　协同共生型组织生态是指组织间具有良好的内部合作机制、稳定的互动机制以及和谐的外部环境。协同共生型组织生态是良好的组织生态形态的一种,组织在该状态下具有明确的职责划分,又兼具了跨边界的协同互动特征。

　　"协同培养生态论"这一概念最早是由重庆电子工程职业学院孙卫平和武春岭在 2011 年 5 月 31 日重庆市高职院校"网络与信息安全专业校企联盟"成立大会上首次提出来的。指出将协同培养生态论贯穿于职业教育领域中,主要探索我国职业教育人才培养体系里的职业院校教育系统和行业企业"师带徒"教育系统如何发挥各自的职业育人能力,在一定的环境和条件促使下形成合作互补、双能支撑的"匠师协同培养效应"。

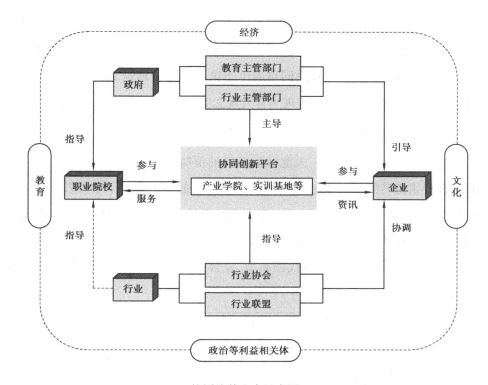

协同培养生态示意图

　　协同培养生态论贯穿于职业教育领域,政行企校等多方相互帮扶、相互作用,实现共生共长,从而营造一种教育、经济、文化、政治等多领域息息相关的生态环境,最终实现赋能职业教育的目的,校企联合搭建协同创新中心等支撑平台,扶持学生持续提升和发展,延伸学生培养路径。

5.2　职业教育协同培养生态论对能工巧匠人才培养的作用

5.2.1　职业教育协同培养生态论对能工巧匠人才培养的作用机理

　　教育理论与教育实践的关系是教育研究中最基本的理论问题。以教育的本然实践性为出发点,作为实践哲学的教育理论与作为实践活动的教育实践具有本质统一的联系——理论在实践中不断生成和实现自身,实践在正确理论的指导下铺展开来。职业教育协同培养生态论这一教育理论对能工巧匠人才培养这一教育活动的作用机理表现为育人观念优化与育人方法论的指导。

(1)育人理念优化

能工巧匠人才培养的三大范畴包括目的范畴、制度范畴、实践范畴。作为目的性要素范畴的下级概念,人才培养理念与目的集中体现了学校教育教学思想与价值取向,是能工巧匠人才培养模式的先导,对人才培养实践具有重大的指导意义。在职业教育协同培养生态论指导下,更新迭代能工巧匠人才培养定位与理念,是育树数字经济时代创新型、复合型高端技术技能人才的题中应有之义。

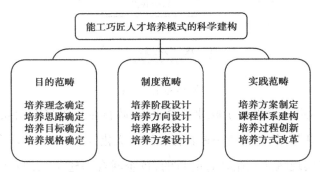

能工巧匠人才培养的三大范畴示意图

在职业教育协同培养生态论指导下,调整生态位,优化能工巧匠的培养定位。生态位是指在我国高校所处的区域高等教育生态体系中所发挥的作用。在不同种类的高校中,高校对人才的独特作用只能在不同的层次上得到反映。在高职发展的进程中,因定位问题,造成了同质竞争和雷同发展,使一些职能互相僭越,形成了教育结构性过剩的状况。因此,在协同培养生态论视域下,高等职业技术学院必须厘清其发展水平与发展方向,在办学目标、学科专业、社会服务、资源利用等层面与学术型、应用型人才培养主体等生态位拉开差距。其次,不同的区域经济发展、社会背景不同,要对区域内的政治、经济、文化生态进行全面的认识,确定培养对象,建立面向市场、服务区域的人才发展模型。从自身的生态背景出发,全面评价学校的学科特点和能力,立足学科优势,以优势专业带动弱势专业,淘汰缺乏生命力的学科,坚持扩大口径与灵活调整方向有机结合,突出个性化发展,创新能工巧匠人才培养方案。最后,结合数字经济时代产业数字化、数字产业化、劳动力结构性调整等时代背景,精准把握在数字化时代的能工巧匠人才的时代定位和发展使命,走出传统培养模式过度学科化、专业化的误区,为自身优化高等教育资源梯度配置、打造竞争优势、实现错位发展,从而优化区域高等教育生态的有序度,贡献属于职业教育的独特的人才培养效能。

在职业教育协同培养生态论指导下,基于生态链,更新能工巧匠的培养理念。根据协同培养生态论,生态链是高职人才培育中由各主体、要素、因子和环境组成的复杂协调发展链,其形成的全过程体现着技术、人才、资金、设备等资源要素的生成、转换、式微与耗尽,表征着各主体按其资源交换关系排列的链状顺序。高职教育人才的生态链主要体现在:教育链、人才链、产业链和创新链之间的高效连接。教育链、人才链与产业链是供给与需求关系;构建产教融合的教育链、人才链离不开专业链对接产业链这一重要环节;专业建设是落实人才链中能工巧匠培养任务的物质载体。作为三链枢纽的教育链,承载着面向产业链的变化与技术升级,调整人才链、专业链的培养规格和培养目标,育成高端技术技能人才的重要功能。因此,四链的有效衔接和深度整合,离不开以面向产业、创新重构的方式进行人才培养目标的顶层规划。在能工巧匠人才培养模式的顶层设计中,鉴于数字经济时代劳动力结构与劳动力素质变革,着重树立通用知识与专业知识融合、产业发展与教育教学融合、科技创新与

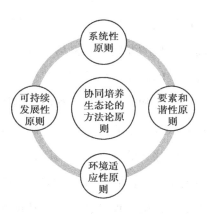

协同培养生态论的方法论原则

教育教学融合、创新与创业融合等多要素融合教育观;形成基于学生成长需求的个性化培养模式观;建立以学生为核心、以成果为导向的专业认证品质观;形成"互联网+"的新智能教育生态人才培养观,从而引导和推动技术技能人才的培育实现由传统教育方式向协同培养教育生态模式的根本转型。

(2)育人方法论指导

协同培养生态论指出,高职院校人才培养生态系统是由教育生态环境中对学校发展起着多种作用和影响的环境因素形成的。通过与外界的系统和内部的子系统及要素相互作用,人才培养生态系统以多种途径实现信息交换和资源转化,这一过程揭示了多主体、多要素参与下职业教育人才培养的生态特点和规律。运用协同培养生态论中的系统性、和谐性、发展性、适应性等原则对高职院校能工巧工的人才培养状况进行分析,并对其改进和优化,为顺利推进行企校政协同育人提供了方法论指导。

系统性原则。作为协同培养生态论中对高职教育人才培养系统的本质规定,系统性要求在面对能工巧匠人才培养的系统时,注意系统各内部与外部要素之间的相关性和动态效应。综合考察职业院校内部的专业设置、课程体系、师资培养、实训基地、教学制度、教学组织形式、学生评价方式等要素的建设特点与内在张力,厘清如企业、社会、行业、政府等外部培养主体的利益诉求,才能对高职院校各环节、各要素之间的相互影响进行科学的剖析,才能更好地掌握高职院校的发展生态格局和发展模式,并使其达到全面优化,维持人才培养系统发展的总体平衡性和可持续性。

要素和谐性原则。利用协同培养生态论中的要素和谐性原则,正确把握现代职教人才培养生态系统。许多专家指出,目前我国高等职业院校的人才培养体系中存在的各种问题,其根源在于系统的生态失和,即系统与外部环境的交换关系、系统结构与职能的平衡被打破。鉴于此,高职人才培养生态系统应逐步形成结构合理、层次分明、功能畅通的内部体系,使各种资源如信息、物资等能够在系统中自由、有效地流通,各个内部子系统之间形成良性、健康、动态、协调的互动关系。同时，职业教育生态系统在内部和谐的基础上，完善体系结构，优化各主体参与人才培养的利益、动力、运行、激励等机制，与行、企、校、政等外部环境融会贯通，避免矛盾和冲突，形成良性的生态互动，实现系统外部的和谐性。只有坚持科学、和谐发展，人才培养生态系统对内对外的各个正向功能才能实现，只有在内部系统功能优异、外部系统运行有效的基础上，才能达到系统的相对平衡。

环境适应性原则。作为职业教育生态系统的一个重要特征，协同培养生态论中的环境适应性原则要求现代职业教育适应人的全面发展，对接职业岗位相关需求，匹配现代产业发展。其表现为内部适应性和外部适应性两方面。内部适应性要求现代职业教育适应不同教育个体的需求和发展。在能工巧匠人才培养过程中，通过提供理论教学、实践教育、社会服务、竞赛锻炼等形式、内容、方式、层次不同的教育教学形式，满足不同能工巧匠人才在不同成长阶段的发展需求。外部适应性要求职业教育人才培养生态与行、企、校、政等外部主体与要素构成的环境之间形成互动、互促、互长的良性交互机制。这启示职业教育人才培养生态系统要不断适应社会、政府、企业对职业教育人才的培养要求，促进与外部环境在技术、师资等异质资源方面的供给、交流和转化，促进自身不断完善、发展。

可持续发展性原则。协同培养生态论的可持续发展性显著呈现了系统生命力，是高职教育人才培养系统生态的另一个重要特征。发展性原则要求高职教育人才培养系统具备动态、开放的特征。现代职业教育在发展过程中与政府、组织、行业、企业等，建立良性运行机制，形成共融互通、协同发展的环境，充分吸纳、利用外部资源并转化、输出，实现共建共享共赢。运用发展性原则，能工巧匠人才培养要充分依靠教师、导师、学生等内部主体的互动和相互激励，或政府、企业、行业协会等外部环境的变化和影响，完善和优化原有的课程、教学组织和师资队伍的层次和结构，实现内部层次和结构的自我运动和自我发展。在这个过程中，生态系统实现了对系统内外环境的信息和资源的有效吸收和转化,推动职业教育人才培养生态系统由非结构化、简单化、低层次向结构化、复杂化、高层次演进,提高系统的生命力和效率。

5.2.2 基于职业教育协同培养生态论的能工巧匠人才培养的行动规制

(1)师资建设

1)师资建设现状的生态解构

师资队伍是影响人才培养质量的关键因素。运用协同培养生态理论的"群落"视角研究分析师资队伍的演化特征与因素,师资队伍演替的特征为数量上从少到多,结构上从简单到复杂,综合素质从低到高,能力从弱到强。同时,教师的退休、辞职、流动、学科专业调整、师资培训等因素也在影响着教师队伍结构和功能的变化。

在高等职业院校师资队伍的演化要素中,教师数量质量、结构梯队等将直接影响能工巧匠人才的培养,师资队伍是制约高等职业教育生态系统运行的关键因素。目前我国高职院校师资队伍建设存在"外引"与"内生"两个环节的困境。

在高职院校师资外引环节,存在师资能力不足、师资结构不科学等来源渠道不合理的问题。首先,职业教育专任教师的来源多涉及学术研究型高校的应届毕业生群体、企业的兼职"双师型"教师群体和原中专升格后的存量师资。三类教师的能力缺陷分别为缺乏技术技能训练与职业教育人才培养经验、欠缺理论与科研知识、欠缺科研能力。其次,教育部公布的数据显示,截至2019年,多数高职院校的"双师型"教师主要来源为高校应届毕业生,企业兼职教师占比低下。鉴于我国区域经济发展状况与投入主体单一化现状,在企业控制资本生产的意向下,高职院校很难吸引和招聘大量具有实践经验的高素质企业人才来补充教师队伍,校企"双主体"共建共育师资模式构建困难,这在很大程度上影响了校企师资队伍"双元"结构的形成。最后,这三类教师的能力欠缺将被师资队伍结构性失衡所放大。由于师资"双元"结构失衡,一线企业生产经验与岗位素养无法直接经由教学过程被学生感知、捕获、内化,对面向产业发展的能工巧匠人才培养存在不利影响。

在高职院校师资内部培养、管理环节,存在培养力度不足、培训合作不足、考评体系落后等问题。在培养方面,以开展研讨会、讲座论坛等形式为主,形式单一;教师进修名额有限,培养覆盖率过小;校企合作的实践培养以短期实践和项目化实践为主,存在肤浅化、形式化倾向。在管理方面,专任教师与兼职教师考评体系缺乏有效区别,导致考评流于形式和表面,不能真正发挥工作评价的检查、督促与激励作用;教师激励机制不理想,在职称评定、项目申请、薪酬问题方面,尚未构建行之有效的机制来激励教师开展工作。同时也未针对教师分类分岗做出适应性改变,例如,薪酬机制未能向"双师型"教师倾斜,就削弱了该类教师参加企业实践和相关培训的积极性。

2)师资建设现状的生态优化

在协同培养生态理论的指导下,重庆电子工程职业学院以"四有"教师为师资培养标准,构建师资共育、机制共建、资源共享、成果共聚的校企生态循环体为师资队伍增值赋能,打造了一支结构合理、专兼结合的能工巧匠高水平师资队伍。其具体做法如下:

首先,构建校企岗位互兼互聘的人力资源融通机制,畅通校企优质师资流动渠道。校企协商形成互聘、互兼的双向交流团队合作机制,通过校企互派互聘,共同组成科研、教学合作团队,校企共同实施专业群的教师、教材、教法改革。同时院校尊重企业产教融合的经济逻辑动机与利益追求,以校企双向交流团队为核心积极开展知识创新、产品研发等活动,为企业提供知识资本与技术资源,建成由兼职教师与专任教师共同构成的匠师协同"双元"结构。

其次,完善师资队伍的用人、考核、分配等相关体制机制,激发教师职业活力。一是建立分层分类培养机制,将岗位划分为教学型、教学科研型、科研型、社会服务型 4 种类型,新进教师、骨干名师、专家型大师 3 个层级,通过构建教师职业成长阶梯和标准,实施名师引导、大师引领制度,鼓励教师参加职业技术师范教育、国内外专业培训和深入企业实践锻炼,提升教师职业素质,增强教师队伍活力。二是完善技能导向与业绩导向的聘用、晋升和分配机制,制定以实际贡献为评价标准的收入分配办法,确定学校内部各岗位基础性绩效工资和奖励性绩效工资占比和标准,重点向关键岗位、业务骨干、教学一线成果显著的人才倾斜,把科研和为行业企业提供技术咨询、培训服务等列入考核指标,鼓励教师在为行业企业服务中提高职业能力。三是建立师资全发展阶段系统化培训,全面提升教学科研服务能力。通过职前、入职、职后三阶段系统化培训,全员进行专业教学法、课程开发技术等专项培训,提升教师教学设计、课程开发、创新创业和团队协作等能力。

最后,打造师资培养成长发展实体,营造融合化环境氛围。校企共建打造一批教师发展中心、"双师型"教师培养培训基地等职教师资培养培训基地,落实教师轮训、双师培养等任务;建立职教集团、技能大师工作室,校企合作建立研发机构等教师实践平台,从而为教师搭建研究应用理论、研发实用技术的产学研实践平台,提高教师研发和实践能力,锤炼职业精神。

(2)**课程建设**

1)课程建设现状的生态解构

课程是教学的直接工具和依托载体,承载着高职教育培养能工巧匠技术技能人才的重要任务。协同培养生态理论认为,课程的本质是一个存在于学校内部系统,受外部系统影响的,开放、动态、生成的生态系统。该生态系统的结构模型如下图所示。职业院校课程生态系统的关键要素集合包括教师、学生、企业雇主、课程资源等,前三者被称作课程资源的主体要素,在课程设计、开发、实施、评价中分别轮流扮演主导、协同、引导的作用。其中主导要素对协同要素的主导作用促使课程开发流程实现正向循环,引导要素对主导要素的引导作用形成了课程开发的更新迭代机制;课程资源要素起到了中介作用。与上述因素有直接或间接关联的因素,被称作体系中的生态因素。

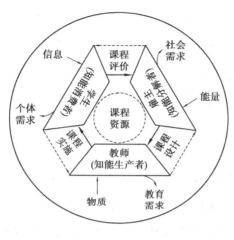

课程生态示意图

运用协同培养生态理论,对职业院校课程生态系统的应然状态与实然现状进行结构分析,辨明其异变结构与存在问题如下:

首先,课程管理权力结构不平衡,要素功能窄化。其特点是,系统中各类元素功能没有得到充分的发挥,窄化现象严重,导致系统缺乏知能转化能力。例如,教师要素并没有体现其生态基础和核心地位,往往沦为课程实施者和教材知识的运输载体;学生要素的活动范围长期被禁锢在"课堂"上,不仅无法作为重要利益相关者参与课程设计和评价环节,就是在课程实施环节,也是作为知识容器和训练工具,其主体性得不到确认。课程资源要素的窄化主要体现在:一是教学、实习、科研等方面缺乏足够的专业基础设施;二是课程资源的大量使用和使用效率不高。对于后者,关键问题在于教学设施建设和仪器采购环节缺乏科学规划,未能根据课程的生态发展要求进行合理的规划和利用。

其次,课程主体角色有冲突,要素关系异化。各因素的关系异化主要体现在主体要素之间的角色关系冲突。一是在课程设计阶段,教师、用人单位、学生之间的参与关系异化。课程设计的参与主体往往是教师,企业参与不足、参与浅层化与形式化,使得课程无法反映产业变革的人才需求及企业用人需求。学生参与过少,受众感知无法得到尊重更是普遍现象。二是在课程执行方面,受传统教学观影响,以教师为中心的课程教学理念仍盛行,"教师主导课堂,学生被动学习"的现象较为普遍,而适应能工巧匠人才培养需求的行动导向教学观则认为学生是学习过程的中心。教师应作为组织人与协调者,在学生完成行动导向学习的5步环节中提供适时的咨询和帮助。学生在个人与团队的行动实践中将职业技能、专业知识内化为自己的经验和知识体系。三是在课程评价环节,评价多以基于教学角度的校内学业表现评价为主,而忽略了用人单位和社会对工作能力的评估。同时,评估方法和对象过于单一、评估方法缺乏过程性评价、评估目标中缺乏实际应用能力的评估等也是课程评价存在的重要问题。

最后,课程生态系统环境欠佳,系统动力弱化。从协同培养生态学的角度来看,系统发展和演化基于内生与外在动力,而根本动力是来自系统的内生动力主体的主观能动作用。生态系统中,由于环境输入物质、能量不足,不能激发教师、学生、雇主等各主体要素的积极性,同时存在课程系统开放性不足等问题,导致教师职业倦怠、学生厌学情绪、雇主参与积极性低的现象,这些现象是系统动力弱化的主要表现和根源。

2)课程建设现状的生态优化

在协同培养生态理论的指导下,重庆电子工程职业学院实施课程生态系统优化的方式包括平衡课程生态系统结构、增强其调节性、开展综合化管理等。

一是促使课程生态系统结构平衡化发展。基于协同培养生态的系统原则,课程生态系统的结构是其物质基础,只有保护好这个物质基础,学生、教师等利益相关者才能持续获得系统提供的产品(即课程)和服务(满足不同主体的多样化需求)。以课程生态系统的承载能力为基础,适度输出产品和服务,并维持输入与输出的平衡是防治系统的结构异变、功能弱化的重要方式。从微观角度看,职业院校分管课程的相关领导直接负责维护课程体系结构和运作的稳定性,应将课程生态系统视为学校治理结构的基本单位和学校教学机构的细胞。在课程管理时,重点在于平衡和调和各方的利益,强调核心利益。为此,有必要提高系统的开放性和外生动力;同时改善和建立课程系统内部激励机制,使外生动力转化为内生动力,从而激励教师开发优质课程,激发学生努力学习,鼓励雇主主动参与课程开发,以实现和维持系统的健康和可持续性发展。

二是增强课程生态系统调节性特征。鉴于课程生态系统复杂多变的运作过程和功能输出,以及随系统复杂度递增的不确定性,重庆电子工程职业学院在制订生态系统管理的规划时充分纳入了生态系统的复杂性和可变性的影响,以及一系列的突发事件。此外,生态系统管理措施不是基于对系统的完整理解的静态措施,在其中最好的策略是"边做边学"。针对课程生态系统的管理,生态系统管理方案的设计应允许在实施中具有灵活性和适应性。在这种情况下,重庆电子工程职业学院充分利用国家、地方政府和学校三个层面的课程管理政策,首先通过课程生态系统的组织结构和运作来实施和执行国家、地方政府委托给学校的课程管理责任和义务。其次,组织好校本课程的开发与国家和地方课程的校本化实施。最后,通过总结校本课程管理经验与充分发挥课程生态圈功能的基础上,逐步健全和完善课程管理体制和机制,为课程生态圈的健康发展提供制度保障。

三是实施课程生态系统综合化管理。在重庆电子工程职业学院课程生态系统的管理中,根据不同主体要素,使用了不同的管理方法和工具。鉴于雇主是在市场化的背景下经营,因此,在管理时侧重于以市场化为导向,而非依靠政府的行政或管制来构建校企协作关系。由于教师是专业人员,学校侧重于以专业化手段赋予其自主权,并通过增强其自我效能感鼓励其进行教研科研创新。就学生而言,学校侧重于在针对其职业动机的基础上,利用生涯辅导与职业指导来发展他们的职业认同感。在课程资源方面,学校围绕着学科的生态体系进行分级、分区的经营,以达到最佳的效益。在条件性资源方面,学校以"统一管理、主体共享"的理念,力求使各主体效益得到最大限度的实现。

（3）平台建设

1）平台建设现状的生态解构

在协同培养创新论的视域下，高职院校教育生态系统由诸多子系统平台构成。以产业学院、实训基地等为代表的行企校政四方协同创新平台是职业教育社会服务的主要窗口。它不仅关系到高职的核心竞争力及服务国家、行业、区域经济的能力，也是提升能工巧匠创新创业能力、社会服务能力、技术技能水平的重要物质实体。运用协同培养生态理论，对我国职业院校协同创新平台生态系统的应然状态与实然现状进行结构分析，辨明其异变结构与存在问题如下：

一是校企双方理念异变。高职院校的协作创新平台构建没能以全面地思考"教"与"产"需要为前提，在平台的构建过程中，校企双方责、权、职不明晰，将平台功能单纯理解为各种资源分享。由于对构建产教融合平台的理解存在一定程度的偏差，造成高职院校片面注重自身的发展而忽略了企业的期望诉求，并将企业仅作为辅助，使得企业参与平台建设的积极性低下，不利于提升协同创新平台建设的广度和深度。

二是平台建设目标偏差。高水平的协同创新平台创建的目标前提是寻找生态系统中各主体的利益纽带，通过构建共享中介与提供普惠服务，优化校企联合培养人才成效。然而，在实践中，存在职业院校在为企业提供服务作用不足，部分企业急功近利等双方利益目标偏差所导致的现象，这些现象进一步引发了协同创新平台建设融合不足的现实。例如，职业院校和行业企业都比较积极，建成了诸如"引教入企"平台、教学与技术成果相互转化平台等名目繁多的协同创新平台，然而在提供实质性服务上却有所欠缺，各平台往往只注重初期开发，而忽视后期经营。在平台运作上，也缺乏对资源的吸纳、对人力的有效利用和专业化的服务运作方式。

三是平台服务内容薄弱。协同创新平台的服务内容仍不尽如人意，表现为基于平台培养的能工巧匠在素养改进、知识应用等方面还未得到有效提升，信息服务的便捷性和精准性也有待提高。例如，对技术技能人才市场需求及职业院校专业发展的数据研究不足。部分平台的技术技能人才市场需求调查,片面侧重产业发展与人才需求之间的关系,忽视了以职业、岗位为研究逻辑起点,无法有效支持职业院校的专业设置。

四是平台种类单一。其表现为平台建设只注重校园内部的平台发展,忽视校外平台资源建设。对于诸如创业融资机构、众创空间等外部平台机构的扶持力度不够。同时,还表现为职业院校片面重视创业竞赛项目的竞赛获奖,轻视创业孵化实践与转化。例如,忽视实践孵化平台建设、学生实践孵化、中介服务机构等创业平台的协同保障,导致真正成功的案例缺乏。因此,平台类型单一的结果是实践转化通道不畅,使得职业院校难以真正探索出"创新→比赛→孵化→发展"全过程全方位支持体系。

2)平台建设现状的生态优化

一是树立协同理念,合理规划协作创新平台建设。首先,重庆电子工程职业学院以国家政策、地方经济、职业教育发展战略为依据,发挥其电子信息类专业优势,明确协同创新平台整体建设的方向,建立适合区域产业发展的产教融合协作创新平台,并形成合理规划布局。由于提升企业参与人才培养平台建设的积极性是优化平台建设生态的关键点,因而学校不断拓宽企业参与渠道推进职业院校的教学改革,发挥企业在职业院校的课程体系建设、教学方法变革、教学内容升级、课业评价方式、实习实训育人等方面的主导作用,形成共同育人、共同开发以及共享资源的局面,进而推动高职教育改革的不断深入与升级。

二是畅通沟通渠道,破解行业企业对人才培养平台建设不主动的现状。要破解行业企业对产教融合平台建设不主动的难题,需要教育管理部门积极发挥纽带作用,把企业、职业院校、行业组织等多元主体聚集在一起,依据行业企业结构调整、转型升级的要求,及时发布权威人才政策、行业企业人才需求数量和结构等资讯,高效对接行业企业人才发展需求。在此基础上,重庆电子工程职业学院基于对人才规格需求的调查,把握产业的人才需求,积极搭建校企人才培养、技术交流等信息共享平台,收集整理并及时反馈与行业发展相关的各种市场信息,促使职业院校成为行业信息的重要交汇点。在信息的使用上,尊重行业企业专家对人才培养工作各环节的合理性意见,及时采纳用人单位对调整专业设置、人才培养方案等育人关键要素的建议,从而校正高技能人才的培养方向,优化人才的培养过程。

三是优化资源配置,提升平台综合实力。协同创新平台建设应成为区域创新的重要节点,使企业与职业院校的产业技术研究院、科技孵化器等载体与平台相互串联,促进创新资源在区域内有效流动与利用,促进各个创新主体构建知识网络嵌入性关系。协同创新平台的资源一般包括资金、场地、设备等硬件要素,其平台设备投入应分层次、有重点支持,保证自愿共享原则、提高设备使用效率。软件要素包括人员、研究方向、交流与合作等。重庆电子工程职业学院从平台建设相关制度角度审视和考虑,在建设过程中,一方面对现有产教融合平台建设过程中的软硬要素形成全面了解。另一方面,争取了多方支持,制定鼓励平台开发建设的相关政策,优化平台建设的软环境和硬措施,改善平台基础条件。通过多渠道筹措资金,分层次、有重点地集中力量改善基础设施条件,通过平台基础条件的改善,增强平台的服务和创新能力。

第6章　职业教育能工巧匠人才培养模式

职业教育法指出实施职业教育应当根据经济社会发展需要,结合职业分类、职业标准、职业发展需求,制定教育标准或者培训方案,实行学历证书及其他学业证书、培训证书、职业资格证书和职业技能等级证书制度。国家实行劳动者在就业前或者上岗前接受必要的职业教育的制度。职业教育法指出实施职业教育应当根据经济社会发展需要,结合职业分类、职业标准、职业发展需求,制定教育标准或者培训方案,实行学历证书及其他学业证书、培训证书、职业资格证书和职业技能等级证书制度。国家实行劳动者在就业前或者上岗前接受必要的职业教育的制度。

新出台职业教育法指出,"职业教育必须坚持中国共产党的领导,坚持社会主义办学方向,贯彻国家的教育方针,坚持立德树人、德技并修,坚持产教融合、校企合作,坚持面向市场、促进就业,坚持面向实践、强化能力,坚持面向人人、因材施教。实施职业教育应当弘扬社会主义核心价值观,对受教育者进行思想政治教育和职业道德教育,培育劳模精神、劳动精神、工匠精神,传授科学文化与专业知识,培养技术技能,进行职业指导,全面提高受教育者的素质"。

6.1 能工巧匠培养需解决的主要问题

6.1.1 坚持中国共产党的领导与社会主义办学方向

新职业教育法明确职业教育人才培养需进一步强化党的领导,坚定社会主义办学方向,确保中国特色现代职业教育事业始终沿着正确的轨道向前推进。只有坚持党的领导,才能确保中国特色职业教育沿着正确方向不断开拓创新;只有坚持党的全面领导,落实好"把方向、揽全局、抓思想、建队伍、促党建"的总要求,才能把党的建设和思想政治工作优势转化为职业教育改革发展优势。

党的十八大以来,以习近平同志为核心的党中央对职业教育改革发展作出一系列决策部署,明确了职业教育的战略定位、发展方向和工作要求,为开创中国特色现代职业教育发展道路指明了方向。新《职业教育法》集中体现了贯彻落实习近平总书记关于职业教育的重要讲话、重要指示批示精神和党中央决策部署,坚定不移走中国特色社会主义道路、坚定不移探索中国特色现代职业教育道路。职业教育法明确提出,"职业教育必须坚持中国共产党的领导,坚持社会主义办学方向,贯彻国家的教育方针""公办职业学校实行中国共产党职业学校基层组织领导的校长负责制,中国共产党职业学校基层组织按照中国共产党章程和有关规定,全面领导学校工作,支持校长独立负责地行使职权。民办职业学校依法健全决策机制,强化学校的中国共产党基层组织政治功能,保证其在学校重大事项决策、监督、执行各环节有效发挥作用"。

实践的成效性是我们坚持中国特色现代职业教育道路自信的底层逻辑和内在依据。我国已经建立起世界上规模最大的职业教育体系,在短短数十年间取得了令世界瞩目的辉煌成就。截至目前,全国职业院校 1.14 万所、在校生3087.6 万名、专任教师总数达到 135.7 万人,中等职业教育、高等职业教育年招生规模、在学规模等均占教育的半壁江山,职业教育每年向社会输送 1000 万左右毕业生,每年培训上亿人次。截至 2021 年年底,全国共有技工院校 2492 所(其中技师学院 519 所),在校生 426.7 万人,每年面向社会开展职业培训超过 600 万人次,同样是一支不可忽视的力量。职业教育承担"为全面建设社会主义现代化国家,实现中华民族伟大复兴的中国梦提供有力人才和技能支撑"的战略价值,已成为经济发展、社会进步和民生改善中不可替代、不可或缺的教育类型。

6.1.2　坚持立德树人根本任务与德技并修根本要求

党的十九大报告提出:"建设知识型、技能型、创新型劳动者大军,弘扬劳模精神和工匠精神,营造劳动光荣的社会风尚和精益求精的敬业风气。"我国正处于产业转型升级的关键时期,培育工匠精神成为职业院校人才培养的重要理念。

中国传统手工业时期的工匠多指手工劳动者,其价值标准建立在自身的职业态度和对产品的精雕细琢、精益求精及追求完美的精神理念的基础上,随着工业化和信息化产业的不断发展,传统产业不断转型升级,为满足市场的不同需求,很多产品被批量化、程序化、多元化的工业化成果所替代,这就要求新时代工匠更有生命力和创造力,也倒逼生产者不断学习,以提升自身的技术和素养。新时代的工匠精神包括爱岗敬业的职业精神、精益求精的品质精神、知行合一的实践精神及追求卓越的传承与创新精神。

自古以来,中国被称为工匠大国,从中国出口到国外的产品工艺精湛、种类丰富、供不应求。自中国古代起,就已经形成了职业教育的雏形。学徒在民间师承匠人,在实际环境中跟着师傅学习,以传统且直观的方式,掌握师傅的技能,学习师傅的道德与品质,择一事,终一生。工匠精神代表着不断追求极致,对于能工巧匠来讲,其须具有的职业能力不光是熟练的操作技能,更重要的是要具有精益求精的职业精神、严谨审慎的职业态度、诚实守信的职业道德、追求卓越的职业操守等。

我国离制造强国还有一段距离,部分原因是职业教育并没有达到社会或者市场需求的标准,职业院校对学生的职业综合能力的培养重视程度不够,只把教育精力单一地放在培养学生的操作技能上,忽视了让工匠精神真正根植于每一个学生心底的重要性,培育工匠精神应注重学生从人品到学问再到技能全方位的同步提升。因此,首先应以品德为基准,培养学生坚定且专注的意志力与注意力,诚实做人,踏实做事,乐观向上,感恩社会;其次,学生要对专业和未来所从事的职业有强烈兴趣,不断学习并刻苦钻研专业知识,在工作岗位上尽职尽责;最后,学生要具有追求极致的设计态度,能够自主完成设计和生产,具备一技多能,并勇于创新。

6.1.3　坚持产教融合办学模式与工学结合育人路径

产教融合是指产业与学校教育的融合,从宏观角度看主要是产业与教育的协调性发展问题,从微观角度看主要指生产过程与教学过程的融合对接。产教融合的具体内容包括学校与企业对接、专业与产业对接、课程内容与职业标准对接、教学过程与生产过程对接。从产业与教育的关系来看,产业为职业教育的发展提供资金、场地等方面的帮扶,职业教育则为产业发展提供人才保障,双方各要素优势互补,共同促进各自效益的最大化。

职业教育作为一种类型教育,如何推进产教融合和校企合作,是职业教育面临的现实问题之一。职业教育是与普通教育具有同等重要地位的教育类型,着力提升职业教育认可度,深化产教融合、校企合作,完善职业教育保障制度和措施,更好推动职业教育高质量发展。产教融合是一种教育改革理念,国家提出"深化产教融合、校企合作",校企合作办学模式的推行,适应了高等职业教育改革的新形势,满足了高等职业教育发展的需求,产教融合、协同育人也是目前许多职业教育院校大力发展的人才培养模式。

深化产教融合对于全面提高职业教育质量、扩大就业创业、促进经济转型发展、培育经济发展新动能具有重要意义。要主动适应经济发展新形势和技术技能人才成长成才新需求,完善产教融合、协同育人机制。一是优化职业教育供给结构。推动形成紧密对接产业链、创新链的专业体系,推进部省共建职业教育创新发展高地,持续深化职业教育东西部协作,启动实施技能型社会职业教育体系建设地方试点。二是构建政府统筹管理、行业企业积极举办、社会力量深度参与的多元办学格局。健全国有资产评估、产权流转、权益分配、干部人事管理等制度,鼓励各类企业依法参与举办职业教育,鼓励职业学校与社会资本合作共建职业教育基础设施、实训基地。三是协同推进产教深度融合。各级政府要将产教融合列入经济社会发展规划。建设一批产教融合试点城市,打造一批引领产教融合的标杆行业,培育一批行业领先的产教融合型企业。

职业教育需要高质量发展,产教融合、校企合作是实现的核心路径和有力措施,也是衡量的关键指标和量度,是职业教育区别于普通教育的本质特征之一。科学可行的产教融合制度能充分发挥行业企业重要办学主体作用,促进产教融合、校企"双元"育人,充分发挥现代职业教育"立交桥"作用,培养具有良好理论知识和人文素养、较强专业技能和实践能力的应用型高层次技术技能人才。

6.1.4　坚持面向市场办学思路与促进就业办学目标

职业教育是与经济联系最紧密、最直接的教育,通过职业教育为国家培养大批高素质的技术人员,对提高生产力水平,促进国民经济发展具有不可代替的作用。要坚持社会需要什么专业就设置什么专业、市场需要什么人才就培养什么人才的办学思路,切实建立职业教育与市场需求密切联系的机制,继续改革教学模式,不断提高办学质量,着力培养一大批训练有素的能工巧匠,要坚持创新体制机制,要突破普通教育办学模式。职业教育体现地方经济特色、为地方经济服务,突出实践性教学、注重能力培养,学制长短兼备、灵活多样,具有明确的职业定向性。

职业教育办学要主动适应市场,培养企业需要的人才。按照市场需求设置专业,是办好职业教育的前提。学校应分析市场需求,把握人才需求新情况、新趋势,主动面向市场办学,不断整合专业设置,及时调整课程安排。学校应成立由专家教授、工程技术人员组成的专业建设指导委员会,确定专业建设方向,论证专业设置的可行性,审议教学方案,让专业建设既符合市场需求,又带有适度超前性。

学校应积极融入市场,建设品牌专业,增强职业教育竞争力。专业建设既要遵循教育规律,又要遵循市场规律。学校应着力加强专业建设,通过重点专业和示范专业建设,促进以培养"双师型"教师为重点的师资队伍建设,促进实验、实习设备的现代化建设,促进人才培养模式、教学方法和手段的整体改革,从而全面提高教育教学质量和办学水平,培养面向市场的高素质劳动者和专门人才,增强服务经济建设和社会发展的实力。紧紧围绕经济发展的需求设置专业,是职业教育必须遵守的一个原则。专业设置对路,学生就有了出路,毕业后很快就能上岗,不但学有所用,而且会促进学校自身的发展。职业教育办学必须懂经济、研究经济,跑市场、熟悉市场,使专业设置具有前瞻性、超前性。

6.1.5 坚持面向人人育人理念与因材施教教学方法

新《职业教育法》"面向人人、因材施教",用法治保障的方式和手段,中国特色现代职业教育在高质量发展中有助于推动实现共同富裕。从社会维度看,"适合的教育"是适应经济社会发展需要、全社会共同参与的教育。

面向人人指努力发展适合每一个人的职业教育,坚持有教无类,尊重差异,为每个学生提供公平而有质量的教育,使不同性格禀赋、不同兴趣特长、不同素质潜力的人都能接受符合自己成长需要的职业教育。实施因材施教,尊重受教育者的独特性和多样性,重视每一个人对教育过程的有效参与和在教育过程中得到的应有发展,实施有差别的教育、适合每一个人的教育。面向人人、因材施教,使每一个受教育者接受到适合自身特点的教育,得到自身最大限度的发展。

面向人人、因材施教,必须落实在学校教育教学过程中。学校进一步转变教育观念,把教育的目标及教育评价定位在促进人的全面发展上,树立人人成才理念。注重教育过程参与机会公平,学校和教师在课堂教学、课外活动以及班级管理中,要把有助于学生成长与发展的机会公平地给予所有学生。在保证基本教学规范和质量标准的前提下,提供多样化的课程设置、教学模式、评价体系,为学生的多样化选择和自主发展提供条件、帮助和指导。

6.2 职业教育能工巧匠培养模式

重庆电子工程职业学院位于重庆大学城,重庆地处中国内陆西南部,是西部大开发重要的战略支点、"一带一路"和长江经济带重要联结点以及内陆开放高地、山清水秀美丽之地,既以江城、雾都、桥都著称,又以山城扬名。学校占地1371 亩,在校生 25449 人,教职工 1332 人,其中博士研生 118 人、教授124(二级教授 4 人),引进院士等高端人才 3 人,自主培养 2 名国家"万人计划"教学名师、1名国家级技能大师、8 名国务院政府特殊津贴获得者等杰出人才 100 余人。

学校坚持"以电子信息为特色、智能化为引领",打造学校品牌,学校是中国特色高水平高职学校建设单位、国家示范性高等职业院校、国家优质专科高等职业院校等;学校荣获多项荣誉,包括国家级高等教育国家级教学成果奖一等奖、国家级职业教育教学成果奖一等奖、黄炎培职业教育"优秀学校奖"等;学校声誉斐然,广州日报数据和数字化研究院(GDI 智库)2021 高职高专排行榜中位列全国第四、武书连 2021 中国高职高专排行榜中排名第八、校友会 2021 中国高职院校排行榜中排名第二、金平果 2021 年中国高职高专院校综合竞争力排行榜中排名第十一。

6.2.1 对接产业精准聚焦能工巧匠培养定位

职业教育历来受到党中央、国务院的高度重视。2021 年 4 月,全国职业教育大会召开。会上强调加快构建现代职业教育体系,培养更多高素质技术技能人才、能工巧匠、大国工匠。大会的召开,有力推动职业教育高质量发展,为全面建设社会主义现代化国家提供坚实的人才和技能支撑。2021 年 10 月,为深入贯彻落实全国职业教育大会精神,中共中央办公厅、国务院办公厅印发《关于推动现代职业教育高质量发展的意见》(以下简称《意见》)。《意见》指出,坚持面向实践、强化能力,让更多青年凭借一技之长实现人生价值。

《意见》明确指出,到 2025 年,职业教育类型特色更加鲜明,现代职业教育体系基本建成,技能型社会建设全面推进;到 2035 年,职业教育整体水平进入世界前列,技能型社会基本建成。《意见》共 7 个部分,其中有 6 个部分提到了能工巧匠培养模式的要求、布局与举措,第 6 条明确提出要打造中国特色职业教育品牌。成渝地区双城经济圈正在打造世界级电子信息产业集群,学校面临着巨大的提升服务贡献机遇。2020 年 1 月,中央财经委员会第六次会议提出"在西部形成高质量发展的重要增长极",2020 年 10 月明确"打造带动全国高质量发展的重要增长极和新的动力源",从"在西部形成"到"带动全国",并且增加"新的动力源"等表述,成渝地区双城经济圈的战略定位有新的提升。

成渝地区双城经济圈正在携手打造世界级电子信息产业集群。两地围绕产业生态,重点在集成电路、液晶面板、智能终端、智能控制系统、信息网络几大领域,打造集"芯—屏—器—核—网"为一体的具有国际竞争力和区域带动力的高质量电子信息产业生态圈。近日,教育部和重庆市政府联合印发《关于推动重庆职业教育高质量发展促进技能型社会建设的意见》,该意见在推动成渝地区职业教育协同发展方面,提出推进西部职业教育基地建设,打造"产城职创"融合发展样板城市,建设国家级产教融合型城市。

基于以上产业背景,成渝双城经济圈高职高专院校 113 所,其中"双高计划"建设院校 3 所,"双高计划"建设专业 15 个,作为成渝地区双高建设单位,学校肩负着为成渝地区双城经济圈高新产业与高端产业培养能工巧匠、大国工匠,构建服务全民终身学习教育体系的重要使命,面临前所未有的服务贡献机遇与挑战。精准聚焦能工巧匠培养定位,关键在于把握能工巧匠的内涵。在传统习惯中,职业人往往称为"匠",即工匠,故有木匠、石匠等之称。在当代社会中,设计师、技术能手等都可称为"能工巧匠"。与传统的"工匠"相比,当代的"能工巧匠"注入了"职业技能与技术"与"职业精神与道德"有机融合的新内涵。能工巧匠是具有系统的学科基础知识、扎实过硬的职业技能,具备高超技艺,能够进行创造性劳动的高素质技术技能人才。

6.2.2　动态调整学校专业整体布局契合产业发展

智能化时代,产业结构出现了大规模相互交叉融合的趋势,产业集群是区域经济发展和产业发展的重要组织形式,专业群对接产业群,是满足产业发展对复合型人才需求的必由之路。重庆电子工程职业学院坚持以电子信息为特色、智能化为引领,通过三次专业群动态调整,切实提高了智能化引领人才培养契合度。第一次是 2017 年,为了对接大数据、人工智能、物联网领域,契合重庆"6+1"支柱产业,"2+10"新兴产业群,学校将 58 个专业按相关、相近、相通、相融、相补的原则整合为 8 大专业(集)群,并以群建院,按专业集群重构实体二级学院,对接市场,整合资源,突出特色。

第二次专业群调整规划于 2019 年 5 月完成,把握"双高建设"契机,对接重庆市"芯屏器核网"全产业链、"云联数算用"要素集群,通过关停并转,规划建设了 12 个电子信息与智能化特色的专业群。

第三次专业群调整规划于 2021 年 5 月完成,根据"专业群对接产业群,数字经济与实体经济相融合"的思路,深化专业群智能化改造,实现"芯屏器核网"智能产业链全覆盖,强化先进制造业专业群特色发展,支持现代服务业专业群创新发展,优化调整专业群结构,规划建设 14 个专业群,旨在"服务国家战略补短板""智能化引领,赋能支柱产业迭代升级""完善职业教育层次体系"和"体现'高峰高原高岗'专业群建设要求"。

6.2.3 创新能工巧匠培养模式培养产业高端人才

针对行业技术快速迭代升级对高端技术技能人才的需求,重庆电子工程职业学院于 2012 年依托教育部重点课题"职业教育课程质量保障及实践研究"开展调查研究,联合中国通信工业协会与腾讯云,以各类技能竞赛、创新创业项目为载体,实施了以培养能工巧匠为目标的"卓越技术技能人才培养计划",在信息安全、软件技术等 8 个专业试点;2016 年,开始在全校 36 个电子信息类专业应用示范,并进一步依托高等职业教育创新发展行动计划"机器人技术应用协同创新中心"等 8 个国家级项目,分类培养技术专家、知识学霸、社团精英、双创达人,经过实践持续验证与完善,在能工巧匠培养方面取得重大突破。

新模式对能工巧匠概念内涵进行了系统梳理和定义,明确能工巧匠是能够进行技术革新、工艺改良等创造性劳动的高端技术技能人才。成功打造行业工匠导师与学校专业教师"匠师协同"的教学团队,构建基础能力与拓展能力"双能支撑"的课程体系,创建孵化项目与发展扶持"孵扶联动"的支撑平台,创新"匠师协同、双能支撑、孵扶联动"的能工巧匠培养模式。"匠师协同"教学团队为"孵扶联动"平台提供运营保障,"匠师协同"团队与"孵扶联动"平台共同保证了"双能支撑"课程体系实施,确保能工巧匠培养目标的达成。

成功基于"协同学"理论,对能工巧匠培养的教学团队、课程体系和支撑平台进行系统设计,首创"匠师协同、双能支撑、孵扶联动"能工巧匠培养模式,创新性地提出职业教育协同培养生态理论,在职业教育教学理论上实现了重大创新;平衡专业基础理论完整性与技能实践系统性,创建了独具特色的基于职业可持续发展的"双能支撑"课程开发方法;基于服务学习理论打造"校内项目孵化"与"校外发展扶持"联动平台,开辟了孵化项目与发展扶持"孵扶联动"的培养新路径。

电子信息行业是技术密集型行业,伴随着产业技术与技能快速迭代升级,学生就业结构不断向高技术化、高技能化发展,作为国家双高院校,重庆电子工

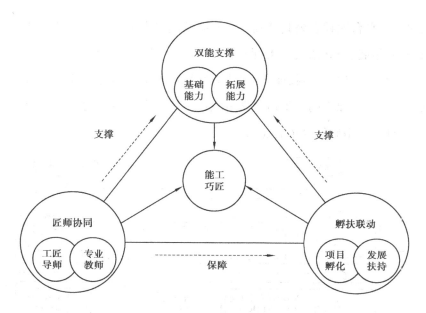

"匠师协同·双能支撑·孵扶联动"能工巧匠培养模式

程职业学院在卓越技术技能人才培养教学改革基础上,重点解决了能工巧匠培养普遍面临的三个难题:

一是"课程内容"缺乏整体设计,知识系统性不够,能工巧匠职业发展"根基不牢"。

二是"教学团队"缺乏深度融合,匠师协同度不够,能工巧匠指导团队"实力不强"。

三是"实践条件"缺乏环节提升,平台支撑度不够,能工巧匠持续创新"后劲不足"。

(1)构建基础能力与拓展能力"双能支撑"课程体系,解决"课程内容"缺乏整体设计,知识系统性不够,能工巧匠职业发展"根基不牢"的问题

从行业调研开始,基于岗位职业能力分析与专业学科知识梳理,按照整体性原则,将职业道德、科学文化、专业基础与技术技能四类知识,在"平台+模块"课程体系中重组与序化,以专业群为面、专业为线、课程为点,全方位落实课程

思政建设。平台课程含公共基础与专业群基础两类平台课程,课程模块含专业方向、专业拓展、公共拓展三类课程模块。平台课程重点培养学生适应岗位需求的专业基础知识、基本技能、学习能力及科学人文素养等基础能力,夯实学生基础技能。模块课程则注重培养学生职业可持续发展所需的技术技能创新、知识综合应用、应用研发等拓展能力。

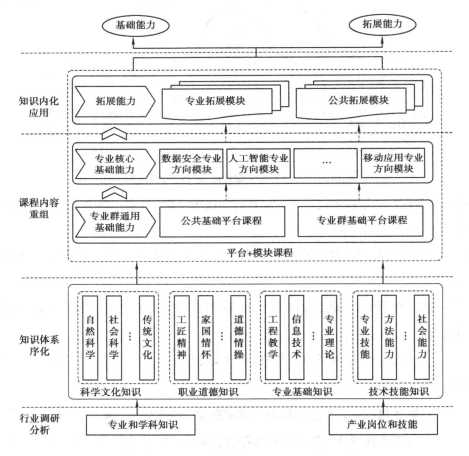

"双能支撑"课程体系

对平台课程实施标准化"达标测评",对课程模块实施"过程性"评价。以"双能支撑"为导向,开发《程序设计基础》等平台课程 156 门,开发《数据备份与恢复》等模块课程 525 门,建成《传感器技术与应用》等国家级课程思政示范课 2 门,《网络安全运行与维护》等国家级课程 11 门,主持建成"虚拟现实应用技术"等国家教学资源库 3 个,"云计算技术与应用"等省级教学资源库 5 个,主编"十二五"职业教育国家规划电子信息类教材 45 部,"十三五"职业教育国家规划教材 15 部。以"基础能力"与"拓展能力"为引领,系统构建"双能支撑"课程体系,解决了能工巧匠职业发展"根基不牢"的问题。

(2)打造学校专业教师与企业工匠导师"匠师协同"教学团队,解决"教学团队"缺乏深度融合,匠师协同度不够,能工巧匠指导团队"实力不强"的问题

学校与华为、腾讯、百度等行业龙头企业,基于相互需求与利益共享,组建产业学院等实体平台,打造课程教学、匠技提升、技术研发等模块化"匠师"混编协同团队。实施课程教学协同,匠师共同打造金课堂,开发人才培养方案、制定课程标准、开发课程教学资源、开展双师在线教学,提升课程教学质量与匠师教学能力;实施匠技提升协同,匠师共建工匠工坊,开展学生技能训练、竞赛指导、技术服务,提升学生实践能力与匠技能力;实施技术研发协同,匠师共建协同创新中心,开展软件开发、产品研发、技术革新,提升学生创新能力与匠师研发能力。

根据师生共同获取的"华为 ICT 专家"等行业高端认证、技能大赛获奖、发明专利授权、技术技能创新等项目成果,对导师团队进行绩效考核,激励导师团队"内生动力",为企业提供"优质能工巧匠",助力区域中小型企业技术创新与发展。匠师协同打造"信息安全技术与实施"等金课堂 218 个、"云计算工坊"等工匠工坊 268 个、"机器人应用技术"等协同创新中心 35 个,指导学生获全国职业院校高职技能大赛一等奖 22 项,获第 45 届世界技能大赛银牌 1 枚,全国第一届职业技能大赛金银牌各 1 枚,获重庆市科技进步奖 6 项。通过打造"匠师协同"教学团队,有效解决了能工巧匠指导团队"实力不强"的问题。

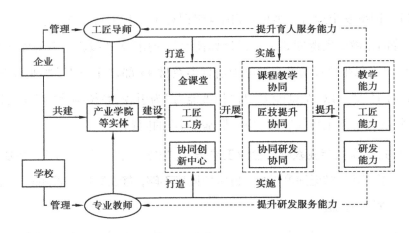

"匠师协同"教学团队

（3）创新校内项目孵化与校外发展扶持"孵扶联动"培养平台，解决"实践条件"缺乏环节提升，平台支撑度不够，学生持续创新"后劲不足"的问题

依托数据安全实训基地、"重电e家"国家级众创空间、机器人技术应用国家协同创新中心等校内创新平台，打造校内项目孵化平台，提升学生软件开发、安全测评等技术能力，培养学生创新意识。与北京联合大学李德毅院士等团队合作，打造智能网联安全创新等应用平台，依托两江协同创新基地、华为ICT高技能人才培养基地、科学城大创慧谷等孵化基地，整合政府与行业企业资源，配套校友创新创业扶持基金，打造校外发展扶持平台，打通学校与产业园区联动通道，扶持毕业校友与校内外项目团队合作开展技术服务与产品研发，提升持续创新能力，加大对毕业学生后续发展的持续扶持力度。

通过校内项目孵化平台与校外发展扶持平台资源互补形成"孵扶联动"，师生共获知识产权2518项，其中发明专利128项，学校获"全国创新创业典型经验高校"，支持具杰、田钅卜等6000多名杰出技能人才从"学徒生手→操作熟手→技术能手→能工巧匠"的转化，延伸了培养链条。

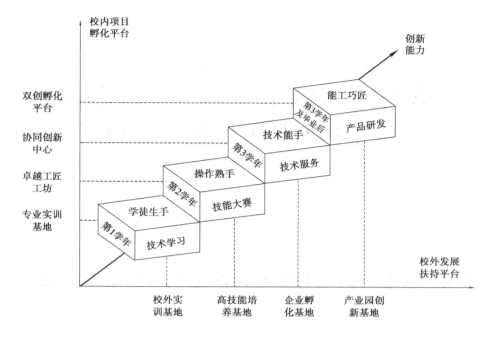

"孵扶联动"支撑平台

第7章 基于协同培养生态论的能工巧匠培养案例与成效

7.1 基于协同培养生态论的能工巧匠培养案例

7.1.1 校企协同·德技共生·学教互融，构建学校特色高职教材开发模式

重庆电子工程职业学院历来重视校企合作开发教材。近年来,在协同培养生态论的指导下,重庆电子工程职业学院武春岭教授带领的团队与浙江东方职业技术学院杨云教授团队、重庆科创职业学院、新华三有限公司等展开合作,依托中国电子教育学会"十二五"规划项目"基于校企融合的工学结合IT类专业教材开发研究与实践"(CESEZ2012-23)、教育部"西部职业教育教材建设及师资培训项目"重点课题(XBZJ006)等7个教材开发类省部级课题,针对职业教育专业教学特点,深化校企合作,实施教材改革,开发出"十二五"职业教育国家规划教材27部,"十三五"职业教育国家规划教材17部。历经10多年探索与实践,形成了可复制、易推广、独具特色的"校企协同·德技共生·学教互融"职业教育教材开发模式。

一是建立"校企协同"教材开发机制,解决教材与产业发展脱节的问题。依托全国校企联盟等平台,挑选技术实力强、信誉好的新华三、360等企业,选取德技双馨的业务骨干,组建教材开发组开展教材开发。校企双方首先明确教材编写需要承担的社会和政治责任,落实"责任共担";其次,企业提供典型工程项目等案例,校企共同遴选和转化,形成学习型项目,实施"项目共选";再次,基于学习型项目,双方编写教材内容,实施"内容共撰";最后,通过教材出版,企业推广产品、扩大行业影响,确保教材内容紧跟产业发展,实现校企"成果共享",形成校企协同教材开发机制,解决了教材内容与产业发展脱节的问题。

二是打造"德技共生"教材内容生态,解决教材与立德树人脱节的问题。基于教材主体特点,梳理"知识与技能"目标及"情感态度与职业素养"目标。归纳教材所需"时新技术、认证标准、技术标准、工艺流程"等技育元素,提炼"工匠精神、传统文化、励志人生、爱国教育"等德育元素,奠定德技共生的"物质"基础。在教材"内容呈现"方面,结合"时代特征"性,更新技育元素与时俱进的内涵,在技术内容撰写的同时,辅以德育元素浸润;考虑受众"感知因素",教材内容选取了易于激发学生兴趣的技术案例和励志德育素材。在教材内容"形式呈现"方面,建立了教材知识点和技能点微视频扫码资源,同时,辅以数字课程资源后台支撑,提供丰富多彩的富媒体资源,提升用户体验。全面打造德技共生的教材内容生态,解决了教材与立德树人目标脱节的问题。

三是创建"学教互融"教材组织体系,解决教材与教学活动脱节的问题。系统化设计教材内容组织形式,从学生认知规律出发,设计教材"小贴士""技能拓展""温馨提示"等特色内容板块,体现教材组织内容"有学法";从教师教学思维出发,教材内容囊括"引导文""任务驱动""头脑风暴"等教学法,体现教材组织"有教法"。基于教与学换位思考,教材开发组首创提出"W-H-D"教材内容组织方法。其中,"项目引导"让学生明白做什么(What),激发学习兴趣;"知识准备"让学生懂得如何做(How);通过"项目实施"具体做(Do),引导学生完成项目任务。采用"W-H-D"认知递进法组织教材内容,解决了教材与教学活动脱节的问题。

7.1.2　打造国家级教学资源库，赋能人才培养

职业教育专业教学资源库是"互联网+职业教育"的重要实现形式，资源库建设是推动信息技术在职业教育专业教学领域综合应用的重要手段。按照"国家急需、全国一流、面向专业"的总要求，重庆电子工程职业学院在协同培养生态论的指导下，通过校企合作共建共享优质教学资源、提升教学信息化水平，带动教育理念、教学方法和学习方式变革，提高人才培养质量；探索基于资源库应用的学习成果认证、积累和转换机制；为社会学习者提供服务，增强职业教育社会服务能力，为构建灵活开放的终身教育体系、促进学习型社会建设提供条件和保障。具体建设举措如下：

一是以专业群为核心引领，建设国家教学资源库平台。教学资源库建设项目以专业群为核心引领，着力于各专业群课程教学资源的开发和建设，资源库遵循"一体化设计、结构化课程、颗粒化资源"的建构逻辑。其中，"一体化设计"是前提，资源库建设要以用户需求为导向，结合专业特点和信息化特征，完善专业人才培养方案，统筹资源建设、平台设计以及共建共享机制的构建，形成整体系统的顶层设计；"结构化课程"是重点，资源库的标准化课程纳入专业人才培养方案，覆盖专业核心课程，展现教学内容与课程体系改革成果，融入思想政治教育与创新创业教育，满足了网络学习和线上线下混合教学的需要；"颗粒化资源"是基础，库内资源的最小单元须是独立的知识点或完整的表现素材，单体结构完整、属性标注全面，方便用户检索、学习和组课。

二是以核心职业能力培养为主线，建设专业群课程资源。课程是专业及专业群建设的基础单元，更是职业教育新时代推进专业群建设与"三教"改革的核心载体，课程资源建设及其应用则是课程建设的具体表现与实践。专业群秉承"共商、共建、共享、共推"的发展理念，紧紧围绕专业群发展的组群逻辑，紧扣行业发展需求链与人才培养供给链，以学生为基点、以教师为灵魂、以行业从业人

员为目标,兼顾多层次社会大众的需求,着力明确专业群课程资源的建设主体责任、专业群课程资源的建设标准体系、专业群课程资源的目标服务群体以及专业群课程资源的应用推广路径,力争达到同类专业想用、群内专业与行业企业能用、其他专业及社会大众可用的数量丰富、类型多样、品质保障的专业群课程资源库。

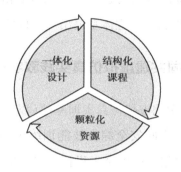

"一体化设计、结构化课程、颗粒化资源"结构

三是深化产教融合,打造大数据人才培养高地。依托大数据技术专业国家教学资源库,与大数据国赛技术支持企业深度合作,对接大数据采集、数据清洗、数据分析等核心岗位,实施大数据人才职业技能培养。通过开展国赛资源转化,将大赛竞技标准、技术规范等有机融入大数据核心课程,优化大数据人才培养方案,重构专业课程体系,实现大数据技术职业技能普惠性培养;专业对标技能赛事,融合开展"岗课赛证"创新教育,有效促进学生职业技能发展。

四是"岗课赛证"四融合,开拓人才培养路径。以大数据技术专业国家教学资源库课程为核心,将培训证书、职业资格证书、职业技能等级证书以及技能大赛标准与要求融入人才培养方案、课程教学内容,引入人才培养质量评价,促使院校将产业行业最新技术标准及时转变为教学标准,将岗位需求融入以典型工作任务为载体的模块化课程体系,与企业深度合作提升学生实践能力和综合素质,提高人才培养质量。

根据1+X证书制度,重构课程体系,开发项目化课程资源,实施大数据技术职业技能普惠性人才培养,实现专业课程与企业认证共生共长,并以大数据技术专业为"试验田",带动相关专业融合开展"岗课赛证"创新教育。为实现专业课程与企业认证的有机融合,对企业证书的知识、技能体系进行解构、重构,将其知识、技能需求转化为学生的素养、能力要求,着力推进课程改革,促进人才培养方案与企业认证体系互嵌共生、互动共长。课程体系紧密对标企业认证技能模块,新增企业认证课程,替换质量偏低、观念落后的专业课程,对专业课的学时数大幅"瘦身",以新的课程体系突出专业特色,契合产业需求。

7.1.3　校政行企协同共建虚拟仿真实践教学基地

重庆电子工程职业学院虚拟仿真实训基地(以下简称"基地")是在协同培养生态论指导下,由网络空间安全综合技能训练靶场、世界技能大赛网络安全赛项重庆市集训基地、网络空间安全工程技术研究中心三部分组成的融学生实训、技术研究、社会服务等功能为一体的实践教学基地。基地以提升网络安全行业人才培养质量、服务区域社会经济发展为宗旨,聚焦产教深度合作,突出赛教资源融合,注重真实项目实践,倡导资源开放共享。通过整合行业职业技能竞赛资源、开展网络攻防技术研究、承接网络安全社会服务项目、丰富课堂实践教学案例,构建多元化育人体系。在面向网络安全领域培养应用型人才的同时,积极共享基地资源,面向区域行业企业开展技术服务,并承担引领地方网络安全产业发展、培养行业企业骨干技术人员的任务。其建设举措如下:

一是职教集团发力,实现校政行企资源整合。依托学校搭建职教集团-专业联盟-产业学院"三位一体"产教融合体系,基地充分整合校政行企资源,与重庆市公安局网安总队推动建设"网络空间安全工程技术研究中心",与启明星辰、天融信、360、中科磐云等以网络安全为主要研究方向的企业深度合作,积极参与世界技能大赛网络安全项目,建成第45届世界技能大赛网络安全项目中国教练组团队和世界技能大赛市级集训基地,为构建多元化育人体系奠定基础。

二是赛教融合给力,实现赛项资源教学化。针对目前在组织、参与各级技能竞赛过程中,各职业院校为取得较好的赛项名次,将大众化的职业教育演化为部分学生的"精英"教育,没有将赛项资源教学化普惠到全体学生,在课程内容、教学模式、考核评价等方面还不能很好地体现"以赛促教、以赛促学、赛教结合"的宗旨,形成了技能竞赛与日常教学"两张皮"的现象,基地以世界技能大赛网络安全赛项和国内网络安全行业赛项所吸纳的行业发展前沿技术或发展趋势为导向,从方法、流程、教学等方面进行设计,构建"三环节六步骤"的赛教融合体系,将赛项资源碎片化为知识点、技能点,转化为可实施的教学项目或任务,融入课程。

赛教融合体系工作流程具体如下:

①赛项资源分析环节,开展赛项资源整理,分析知识点、技能点;

②教学资源转化环节,将赛项所考察的知识点和技能点转化为教学资源的重点和难点,设计学习项目或任务,建设教学资源;

③实践教学实施环节,开展理实一体教学、模拟竞赛教学活动。

赛教融合体系

在教学实施过程中,设计在团队共同努力下才能完成的教学项目或任务,提供突出创意、思维和方法的自由多样性的教学内容,教师以观察者、顾问、支持者的身份开展教学,观察学生训练,解答学生问题,关注学生进步,实现了"教师由教向导、学生由被动学向主动学、训练主体由个体向团队"的转变。

三是校政协同助力,实现岗位练兵常态化。信息安全专业教学过程中,攻防技能的实践应用受到诸多限制,特别是《中华人民共和国网络安全法》颁布实施以来,针对真实目标系统的渗透技术尝试更加需要受到严格的控制。针对这一现状,基地积极与地方网络安全主管部门协同,联合网络安全行业企业以社会服务项目的形式,将"护网行动""关键信息基础设施安全检查""等级保护测评""原创漏洞挖掘"等网络安全保障工作引入实践课堂,并在项目实施过程中融入网络安全行业的"新要求、新规范、新标准",提升学生所学知识、技能的综合实践应用能力,培养良好的职业素质。同时将实践项目转化为教学资源,丰富教学案例。

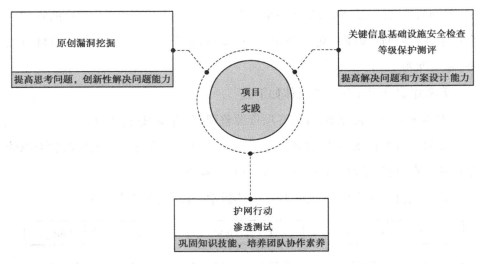

项目实践进课堂

标准法规进课堂

四是校企合作得力,实现实体环境虚拟化。企业真实网络环境和面临的网络安全问题纷繁复杂,传统教学方式重现网络安全场景需要进行网络设备、安全设备、服务器等设施设备的部署配置和各种业务应用的搭建,实施难度高、代价大,且场景重复使用性低,学生学习的过程性数据难以保存。为了解决这一难题,依托学校承担的省部级世界技能大赛集训基地,以该大赛网络安全项目的技术规范为参照,校企联合开发网络空间安全综合技能训练靶场环境、CTF竞技环境两环境,建立企业网络安全案例库,利用靶场快速重现了典型案例场景,达到了网络结构部署快、复用效率高、与实体设备配置无差别等优势,实现学生可在线实操、教师可实时监控,有效保障实践性教学任务的顺利实施。

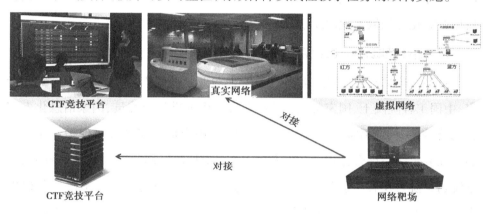

虚拟仿真实践教学平台

7.1.4　匠师协同、名师领航,提升师资水平

重庆电子工程职业学院紧密对接我国"政治强、道德高、技术硬"的能工巧匠人才需求,立足学校高质量发展要求和师资队伍实际情况,在协同培养生态论的指导下,构建匠师协同团队,基于团队开展教育教学、技术研发、创新服务等活动;加大名师培育工程,形成"雁阵布局、名师引领、阶梯培养,师生互促、教学相长"的教师工作布局。通过一系列举措,在提振学校整体师资方面着紧施力,久久为功,显著提升了教师服务能力、科研能力和竞赛能力。

(1)匠师协同、项目牵引,校企师资深度融合

贯彻"匠师协同"理念,与"芯屏器核网"智能化全产业链、"云联数算用"等

数字产业行业龙头企业基于相互需求与利益共享,共建模块化"匠师"混编教学团队。学校引进企业产业导师、企业技能大师,实现师资培养体系的横向融通校企混编。通过实施"项目牵引",围绕真实项目先后组建特色工匠工坊、卓越技能班等育训载体,落实"岗课赛证融通"育人机制,根据技术领域不同,合作开发"定制化"的课程模块、项目模块、任务模块。对接"双能支撑"模块化课程体系,构建以课程模块为单位的匠师团队成员集体备课、协同教研和集体考核机制,促使匠师在技术技能创新、能工巧匠培养、教师企业实践、企业项目运营、创新创业孵化等领域实现深度融合。

(2)名师领航、师生互促,科研竞赛多点开花

贯彻"名师领航"理念,重庆电子工程职业学院与"可信计算3.0"研究专家、中国工程院院士、国家集成电路产业发展咨询委员会委员、国家信息化专家咨询委员会委员、国家三网融合专家组成员、国家信息安全等级保护专家委员会主任委员沈昌祥合作建设院士专家工作站,沈院士受聘为学校网络空间安全学院名誉院长及客座教授。学院依托院士工作站,切实提升教师队伍科研能力。充分发挥沈昌祥院士的"头雁"作用,通过学术讲座、科研指导等方式,对学院教师队伍进行阶梯式培育,着力构建"院士-骨干教师-青年教师"为主体的雁阵布局,形成一级带一级、多级同进步的良好科研氛围,提升了学院教师队伍的科研能力。通过组织2019年长江经济带产教融合发展联盟年会暨世界技能大赛网络安全与云计算赛项研讨会、网络安全领域职业教育国际研讨会、中国通信工业协会中高职网络安全专业人才培养研讨会在内的等多个领域的学术研讨会,教师队伍在筹办、参与学术活动的过程中进一步梳理科研脉络、掌握科研技巧,鼓励教师队伍在科研攻关和创新上取得成效,提升教师队伍整体科研能力。

学校依托院士工作站,构筑人才培养新高地,发挥人才集群的重要作用,促进教师队伍提升技能竞赛能力。院士工作站不断优化、调整内部结构,教师队伍结对子进行竞赛攻关,建立了"一人参赛,团队协同"的工作思路,为教师队伍

在各级各类比赛中取得良好的成绩奠定了坚实的团队基础。积极吸纳优秀学生进站,采用导师制人才培养模式,让教师和学生在备赛、参赛过程中教学相长,充分发挥互促作用,力求在帮助学生取得成绩的同时,进一步提升教师的竞赛水平,专业群教师、学生参加省部级及以上技能竞赛获奖百余项,实现了教师带赛能力与学生技术水平的双重提升。

7.1.5　双循环、三融合,构建高职院校科研多元协同治理模式

我国高职院校由于自身起步晚、基础弱,一方面,院校内部科研管理松散、科研团队松散、科研氛围淡薄;另一方面,在结合自身专业找准研究方向和捕捉区域需求找准服务方向出现困厄,进而导致高职院校普遍存在科研体系未形成、科研资源不凝聚、科研特色不鲜明三大突出问题。现实境遇要求我们结合自身发展类型、区域发展需求,探索一条适合高职院校科研管理的新模式、新路径。

重庆电子工程职业学院深入剖析国家重大战略任务——西部(重庆)科学城建设“他需求”与学校科研发展“自供给”,在协同培养生态论的指导下探索出“双循环三融合”的科研多元协同治理模式,有效解决了高职院校科研“卡脖子”难题,构建起高职院校科研多元协同治理模式。

“双循环三融合”科研治理模式是指从科技创新供给与需求两个端口、内外部环境两个维度出发,坚持“全局、全域、全要素”的“大科研”定位,通过推动“机构-制度-文化”有机整合,联动“政府-行业园所-企业-学校”资源聚合,驱动“平台-项目-成果”系统结合的“三融合”手段,撬动科研资源、科研要素在内外部循环流动中整合、优化、匹配,促动资源共生共融协同发展,有力推动服务区域经济发展、服务学校师生价值的“双服务”价值实现。

在“双循环三融合”整体模式、机制引领下,学校从供需两个端口、内外部环境两个维度统筹协调、系统构思科研工作,以学校内部价值链循环的升级推动外部价值链循环的拓展,利用外部价值链循环为学校内部价值链循环提供更多

更好的资源和更大更高层次的市场。内循环带动内部资源要素合理配置、激发活力,发挥基础保障作用;外循环依托平台载体,引入外部资源,发挥任务牵引作用。内外部资源整合、优化、匹配,形成合力,促进学校科研工作高质量发展。

(1)通过"机构-制度-文化"有机整合,解决科研体系未形成问题

坚持把提升内部服务质量、激发科研内生动力作为双循环机制的基点和保障,系统性构思从年度目标、服务保障、工作支持到评价考核的"跨部门、大科研"闭环发展模式。一是构建一体化科研考核激励机制。学校以跨部门协作为基础,针对学校层面,通过研究国家政策、梳理学校科研现状,对标高水平院校制定了科研发展关键性指标体系;针对学院层面,制定了《科研与社会服务创收工作量板块绩效切块核算办法》《二级学院科研考核指标体系》;针对个体层面,出台了《科研成果认定与资助办法》《"科研创新与社会服务突出贡献者"遴选办法》,初步建立起"薪酬激励、成果激励、榜样激励"三类型、"学校—学院—个人"三层级的科研激励体系。二是理顺科研社会服务实现路径机制。一方面,与校企合作、招生就业等负责部门,建立"校企合作+技术服务+招生就业"的工作机制,对接西永微电园、金凤工业园等8个园区,推动科研社会服务工作向纵深发展与规模化集成。另一方面,积极推进科研成果的市场化、应用化机制建设。编制《科技成果转移转化及收益管理办法》,从操作层面进一步明确了成果转化与横向项目之间的衔接机制,探索横向植入转化、高端引领转化、支持助力转化等三条促进转化的工作机制。三是培育学校科研文化品牌。发挥技能大师工作室、卓越人才班、工匠工坊的作用,以"重电大讲堂"为载体,以全员、全过程参与为路径,以活动组织体系建设为基础,构建基于"讲座—论坛—沙龙—培训"为一体的学术氛围营造体系,建起"学科专业系列讲座+通识性系列讲座+科研能力培育系列讲座+职业教育系列讲座"等学术活动体系,打造富有学校特色的科研文化,助推"科教协同"育人格局的形成。

（2）通过"政府–行业园所–企业–学校"资源整合，解决科研资源不凝聚问题

近年来,学校面向行业企业,积极探索"相互需求、产权介入、要素融入、效益分享"产教科融合、校企合作新模式。一是助力科技企业发展。开展创新孵化器建设工作,探索与深圳市科技服务协会创新孵化器合作事宜,策划形成"重电—深科服"协同创新模式,力争打造重庆(深圳)离岸协同创新孵化器,共建数字产业科技创新服务中心。二是开展"四技两转"服务。学校对接成渝经济带新一代信息技术小微企业发展趋势,围绕数字康养、建筑智慧运维、智慧教学、5G+应用、数字文创等领域解决科技型中小微企业资源配置、技术研发和产品升级等方面问题,鼓励师生在科学城创新创业。三是组建产教融合体吸纳社会资源。依托拥有的国家级众创空间、重庆市电子信息职教集团等产教融合体作用,吸引全产业链要素集聚,通过引进高科技企业,建立"企业+团队"共育科技创新成果机制。依托学校主导的"成渝地区双城经济圈产教融合发展联盟"等载体举办园区资源对接会、校企合作经验交流会,积极开展校地科研合作,与安徽省天长市、来安县洽谈科研成果合作事宜。四是依托学术活动汇聚学术资源。组织学校科研骨干教师参与物联网、5G等信息通信技术领域研发培训,组织申报获批海智专家工作站;联合市科协和市产学研促进会,共同开展国际学术交流会议,搭建信息通信技术领域高端交流平台,碰撞学术火花。

（3）通过"平台–项目–成果"系统结合，解决科研特色不鲜明问题

研究方向的确定、科研平台的搭建是高校科研工作的基础和前置条件。一是聚焦智能化布局科研平台。立足学校专业发展,围绕数字化转型升级,以科学城产业和应用发展为重点,通过自主遴选参与科学城服务重大科研项目,在硅光子芯片封测、"5G+"应用、城市智慧运维、数字文创、智慧康养等重点领域布局了 7 个大数据智能化科研平台,着手与华为共建了全国高校第一个 5G 核心网实验平台。二是依托大专家凝练研究方向。引进沈昌祥院士、杨新民院士等高端领军人才 4 人,联合长安集团、清华同方、中移物联网、重庆鲁班机器人等行业龙头企业壮大平台,逐步形成硅光子芯片封测、网络安全智能防御、大数据与最优化等研究方向。三是"靶向性"支持成果产出。通过成果产出择优前资助、成果转化专项、学校内部治理专项、职业教育政策研究专项等方式,支持重点扶持科研平台(团队)、重点科研项目开展相关研究,产出高质量科研成果,确保成果产出的方向性和连续性。

7.2 基于协同培养生态论的能工巧匠培养成效

7.2.1 协同培养生态论指导下产教融合实训基地建设成效

一是赛教结合,人才培养成效卓著。重庆电子工程职业学院依托虚拟仿真实训平台,通过以赛促教、项目实践的方式,激发学生学习兴趣,提升学生动手能力,实践教学成效显著,学生积极参加各类学科竞赛、创新创业竞赛。获得中华人民共和国第一届职业技能大赛网络安全赛项金牌,在职业技能竞赛中获得省部级二等奖以上 10 余项,国家级二等奖 2 项。

二是赋能行业,社会影响广泛深远。重庆电子工程职业学院在国家"教育行业漏洞报告平台"积极为各大高校进行"漏洞检测"社会公益服务,并提交自己的网络安全解决方案,获得上海交通大学、同济大学、南开大学、济南大学等多所高校颁发的漏洞确认证书 30 余项。

同时,公安网安、网信办等部门预定重庆电子工程职业学院学生协同参与"护网行动""关键信息基础设施网络安全检查"等项目,学生在渗透测试部分的表现获得了相关部门高度认可。

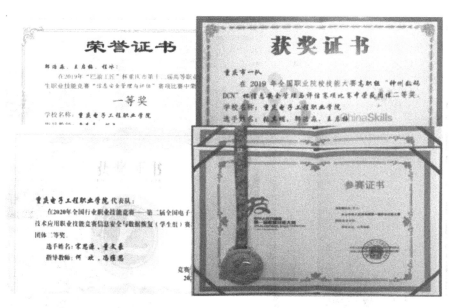

技能竞赛获奖节选

原创漏洞证书

相关部门颁发给协岗学生的奖牌及感谢信

7.2.2 协同培养生态论指导下师资队伍建设成效

在协同培养生态论指导下,重庆电子工程职业学院教学团队荣誉卓著,人才辈出。学校建成国家职业教育教师教学创新团队 2 个,全国黄大年式教师团队 1 个,培养国家"万人计划"教学名师 2 名,全国技术能手 7 名,世界技能大赛中国代表队专家 8 人,国家级技能大师工作室 1 个。有"巴渝特级技师"等杰出技能人才 33 人,重庆英才等市级人才 30 多人,在全国处于领先地位。师生先后承接中信银行等技术服务 1247 项,年均服务收入 3000 余万元。共获得知识产权 2518 项,其中发明专利 128 项;开展各类社会培训与职业技能鉴定 150000余人次。

7.2.3　协同培养生态论指导下能工巧匠人才培养成效显著

一是总结凝练能工巧匠人才培养模式与理论,实现重大理论创新。依托"协同学"理论,对能工巧匠的概念内涵外延进行梳理和定义,重点阐释了能工巧匠人才培养理论模型。通过打造企业工匠和学校教师组成匠师混编团队,构建基础能力和拓展能力"双能支撑"课程体系,校企联合搭建协同创新中心等支撑平台,扶持学生持续提升和发展,延伸学生培养路径,系统构建了能工巧匠培养体系,协同培养了大批能工巧匠,创新提出职业教育协同培养生态理论,在职业教育教学理论上实现重大创新。

成果创新性解决能工巧匠培养过程中面临"根基不牢、实力不强、后劲不足"的问题,项目组近年来发表相关研究论文 38 篇,出版《大思政背景下——高职院校 IT 类专业高素质技术技能型人才培养模式研究与实践》等专著 2 部,丰富发展了职业教育协同培养生态理论。

二是推广应用能工巧匠人才培养模式,获得重大实践成效。能工巧匠人才培养模式成果在学校 36 个电子信息类专业应用,在全校 58 个专业进行推广,累计受益学生达 80000 余人。336 所院校来我院交流学习,518 所职业院校借鉴成果改革经验。成果在国际上认同度高,影响深远。通过"一带一路"国际技能大赛、中非(重庆)职业教育联盟等平台,被泰国、新加坡等 35 个国家和地区借鉴。

同时,成果获得权威媒体关注,社会评价高。中央电视台《焦点访谈》、中国教育电视台《职教中国》栏目对成果成效进行专题报道,中国高职高专网、《中国职业技术教育》杂志、重庆电视台、重庆日报、华龙网等权威媒体报道 268 次,项目改革取得的丰硕成果,得到了社会的广泛关注。

成果在高职人才培养应用方面成效卓著。近 5 年,学生就业率保持在 98% 以上,2020 年就业率居全市第一。学生在高端产业与产业高端就业比例达 82%,获得"华为 ICT 专家"等高端认证的学生比例持续增加。学校获教育部

"2015 年全国毕业生就业典型经验高校""2017 年全国创新创业典型经验高校""2018 年国家级现代学徒制试点单位"和"2021 年国家级全国高校毕业生就业能力培训基地"荣誉称号。获全国职业院校高职技能大赛一等奖 22 项,获第 45 届世界技能大赛银牌 1 枚,全国第一届职业技能大赛团队金、银牌各 1 枚,获国家级技能大赛奖 343 项、省部级技能大赛奖 1200 余项。

学校获批全国党建工作标杆院系培育创建单位 1 个,获批重庆市新时代高校党建示范创建和质量创优工作培育创建示范高校,2021 年,在第七届中国国际"互联网+"大学生创新创业大赛全国总决赛中取得历史性突破,荣获金奖 1 项,银奖 2 项,铜奖 1 项,位于电子信息类职业院校前列。

7.2.4　协同培养生态论指导下的教材建设成果

"教师、教材、教法"是教育教学改革中的三个核心要素,教材在"三教"改革中,解决教学中"教什么"的核心问题,是课程建设与教学改革的核心抓手。教材虽小,却举足轻重。

在协同培养生态理论的指导下,重庆电子工程职业学院十余年来深耕专业教材建设,不断探索和改进校企双元合作开发机制、改革教材内容组织形式、创新"岗赛证创"及思政内容融入方式,成功总结出适应高职电子信息类教材建设的"四共·一驱·四融"高职特色教材开发模式,并取得一系列成果。

一是教材建设成效显著,专业影响持续扩大。成果模式开发的教材获评"十二五"职业教育国家规划教材 21 部,"十三五"职业教育国家规划教材 8 部,工信部"十四五"规划教材 4 部,并荣获首届全国优秀教材奖一等奖 1 项,全国教材建设先进个人 1 人。

二是同步建设数字化配套资源,实现课程资源全在线。开发的新形态教材配有立体化数字资源,学习者只要扫描二维码即可随时查看拓展资源、视频讲解、操作过程,资源随着技术和标准的变化进行实时更新,确保教材内容随产业同步。同时,将教材配套数字资源建成在线开放课程,三年来已建成在线开放课程 25 门,其中市级在线开放课程 4 门。

"十三五"职业教育国家规划教材书目高职部分

序号	层次	分类	教材名称	第一主编	第一主编单位	出版单位
1456	高职	电子信息大类	Altium Designer 电路设计与制作(第二版)	陈学平	重庆电子工程职业学院	中国铁道出版社有限公司
1527	高职	电子信息大类	数据存储与容灾(第 2 版)	鲁先志	重庆电子工程职业学院	高等教育出版社有限公司
1552	高职	电子信息大类	C#程序设计(第 2 版)	郑卉	重庆电子工程职业学院	高等教育出版社有限公司
1576	高职	电子信息大类	C 语言程序设计(第 2 版)	武春岭	重庆电子工程职业学院	高等教育出版社有限公司
1713	高职	电子信息大类	信息安全产品配置与应用	武春岭	重庆电子工程职业学院	高等教育出版社有限公司
1719	高职	电子信息大类	云操作系统(OpenStack)	李腾	重庆电子工程职业学院	电子工业出版社有限公司
1764	高职	电子信息大类	程序设计基础(C 语言)数字课程	武春岭	重庆电子工程职业学院	高等教育电子音像出版社有限公司

三是教材开发模式推广度高,教材国内外广受欢迎。该模式理论成果丰富,实践应用性强,在《中国职业技术教育》和《职业技术教育》等期刊上发表论文多篇。完成省级教改项目 2 项,其中"基于校企融合的工学结合 IT 类专业教材开发研究与实践"项目荣获省级教改三等奖。教材开发模式受多个兄弟院校及行业专家肯定,全国职业院校陆续推广应用该成果,并对该改革成果给予了高度评价。新加坡、老挝等 8 个国家和地区积极与成果完成人合作,极力引进教材,谋求共同开发国际化信息安全专业教材,目前部分教材已在留学生中应用 3 年,受到广泛好评。

"校企互融、项目驱动"教材开发模式获评重庆市教学成果三等奖

7.2.5 协同培养生态论指导下的课程与教学资源库建设成果

一是依托双能支撑开发模式,课程研究与建设成绩斐然。重庆电子工程职业学院在研究工作过程系统化课程开发方法基础上,基于技术技能快速迭代升级,把学生专业基础知识体系的整体构建作为重点研究对象,以专业基础能力与拓展能力为支撑,平衡专业基础理论完整性与技能实践系统性,创建独具特色"双能支撑"课程开发方法,为学生职业可持续性发展提供坚实保障。

根据"双能支撑"课程开发方法,重庆电子工程职业学院出版了专著《产业技术进步驱动信息安全专业课程体系改革的机制研究》,学校主持建成了国家级专业教学资源库3个,国家精品课程11门,重庆市精品课程47门,国家级课程思政示范课2门,从而确保了电子信息行业具备"高超技艺、能够进行创造性劳动"的能工巧匠培养目标达成。

二是多方分工协作,共建共享专业教学资源库平台。在确保资源充分、冗余的基础上,多方分工协作,集成大数据技术专业国家教学资源库平台及信息安全与管理和云计算技术与应用省级专业(群)教学资源库。优化"互联网+职业教育"发展需求的人才培养方案及课程体系,完善涵盖专业教学标准内容、专业基本知识和技能点的颗粒化网络数字资源建设;针对产业发展需求,拓展特色资源、培训资源,积极开发职业技能等级证书培训资源,提升学习者业务水平和可持续发展能力。通过资源库建设有效解决了学校专业教师开展课程思政教学工作缺乏方便可及的课程思政教学资源的问题,资源库内容丰富实用,满足线上教学、线下教学及混合式教学中实现知识传授与思政育人同步的需求。学校为教师进行线上课程思政教学实践及学校线上教学工作的顺利开展提供了资源保障,实现了线上教学中教书与育人的统一,促进了教育教学质量的提高。

主持院校:福建信息职业技术学院、重庆电子工程职业学院、珠海城市职业技术学院

大数据技术专业教学资源库
BIG DATA TECHNOLOGY TEACHING RESOURCE LIBRARY

大数据技术专业教学资源库

　　三是共建专业群课程优质资源,助推内涵质量升级。学校建设的省部级以上课程类型均为线上线下混合式课程。线上课程开设率超过96%,认证专业的比例达到100%,信息化教学覆盖率达到100%。

参考文献

［1］国务院办公厅. 国务院办公厅关于深化产教融合的若干意见［EB/OL］.
（2017-12-19）［2021-12-20］. http://www. gov. cn/zhengce/content/2017-12/
19/content_5248564. htm.

［2］国家发展改革委, 教育部, 工业和信息化部, 等. 国家产教融合建设试点实
施方案［EB/OL］.（2019-10-10）［2021-12-20］. http://www. gov. cn/xinwen/
2019-10/10/content_5438011. htm.

［3］国务院. 国家职业教育改革实施方案［EB/OL］.（2019-02-13）［2021-12-20］.
http://www. gov. cn/zhengce/content/2019-02/13/content_5365341. htm.

［4］中共中央办公 国务院办公厅印发《关于推动现代职业教育高质量发展的意
见》［EB/OL］.（2021-10-12）［2021-12-20］. http://www. gov. cn/zhengce/2021-
10/12/content_5642120. htm.

［5］教育部, 国家发展改革委, 财政部, 等. 深化新时代职业教育"双师型"教师
队伍建设改革实施方案［EB/OL］.（2019-09-23）［2021-12-20］. http://
www. moe. gov. cn/srcsite/A10/s7034/201910/t20191016_403867. html.

［6］教育部办公厅, 人力资源社会保障部办公厅, 国家发展改革委办公厅, 等. 职
业院校全面开展职业培训促进就业创业行动计划［EB/OL］.（2019-10-23）
［2021-12-20］. http://www. moe. gov. cn/srcsite/A07/zcs _ zhgg/201911/
t20191118_408707. html.

［7］教育部, 国家发展改革委, 工业和信息化部等. 职业教育提质培优行动计划
（2020-2023 年）［EB/OL］.（2020-09-23）［2021-12-20］. http://www. moe.

gov. cn/srcsite/A07/zcs_zhgg/202009/t20200929_492299. html.

[8] 教育部,国家发展改革委,科学技术部,等.全国职业院校技能大赛章程[EB/OL].（2021-10-21）[2021-12-20]. http://www. moe. gov. cn/srcsite/A07/zcs_yxds/s3069/202111/t20211119_581112. html.

[9] 人力资源社会保障部,教育部,发展改革委,财政部.“十四五”职业技能培训规划[EB/OL].（2021-12-15）[2021-12-20]. https://www. gov. cn/zhengce/zhengceku/2021-12/17/content_5661662. htm.

[10] 中共中央 国务院关于构建更加完善的要素市场化配置体制机制的意见[EB/OL].（2020-04-09）[2021-12-20]. http://www. gov. cn/zhengce/2020-04/09/content_5500622. htm.

[11] 张瑶.《洛阳名园记》中的园林研究[D].天津:天津大学,2014.

[12] 陈东.关于定州汉墓竹简《论语》的几个问题[J].孔子研究,2003（2）:4-13.

[13] 戴吾三,高宣.《考工记》的文化内涵[J].清华大学学报（哲学社会科学版）,1997,12（2）:6-12.

[14] 李汉卿.协同治理理论探析[J].理论月刊,2014（1）:138-142.

[15] 王进富,张颖颖,苏世彬,等.产学研协同创新机制研究——一个理论分析框架[J].科技进步与对策,2013,30（16）:1-6.

[16] 吴彤.论协同学理论方法:自组织动力学方法及其应用[J].内蒙古社会科学（汉文版）,2000,21（6）:19-26.

[17] 史美林,向勇,伍尚广.协同科学——从“协同学”到 CSCW[J].清华大学学报（自然科学版）,1997,37（1）:85-88.

[18] 林涛.基于协同学理论的高校协同创新机理研究[J].研究生教育研究,2013（2）:9-12.

[19] MÜLLER S C, PLATH P J, RADONS G, et al. Complexity and Synergetics[M]. Cham:Springer,2018.

[20] LIN Y. General Systems Theory[M]. New York:Springer,1999.

[21] 范国睿.教育生态学[M].北京:人民教育出版社,2000.

[22] 魏所康.培养模式论:学生创新精神培养与人才培养模式改革[M].南京:东南大学出版社,2004.

[23] 朱宏.高校创新人才培养模式的探索与实践[J].成才之路,2015(19):1-3.

[24] 翟安英,石防震,成建平.对高等教育创新型人才培养及模式的再思考[J].盐城工学院学报(社会科学版),2008(2):64-68.

[25] 王晋光.从当前大学生就业难看人才培养模式的创新[J].中国电力教育,2010(25):10-12.

[26] 陈星.应用型高校产教融合动力研究[D].重庆:西南大学,2017.

[27] 许朝山.地方产业转型升级背景下高职院校专业设置及优化机制研究[D].合肥:中国科学技术大学,2020.

[28] 孙云志.多元共治视域下我国高职院校产教融合发展研究[D].南京:南京师范大学,2021.

[29] 兰小云.行业高职院校校企合作机制研究[D].上海:华东师范大学,2013.

[30] 壮国桢.高职教育"行动导向"教学体系研究[D].上海:华东师范大学,2007.

[31] 余嘉云.生态化教学的理论与实践研究[D].南京:南京师范大学,2006.

[32] 徐湘荷.生态教育思想研究[D].济南:山东师范大学,2012.